Docteur Dominic
Docteur Maurice



# HORMONES VEGETALES NATURELLES

## Ménopause, andropause, vieillissement

Jouvence/SullY

**Des mêmes auteurs**

**Docteur Dominique Rueff :**
– *Choisir la Vie*, Editions du Hameau, 1988. Disponible chez S. Nature, 17 rue de la Galère, 72000 Le Mans.
– *Thérèse ou l'Amour Médecin*, Editions Jacques Ligier, 1992. Disponible chez S. Nature Editions.
– *Forme et Santé, médecine orthomoléculaire*, Editions du Rocher, 1992.
– *Suppléments Nutritionnels*, plaquette aux éditions S. Nature, Le Mans.
– *La Bible des Vitamines et des Suppléments Nutritionnels*, Albin Michel, 1993.

**Docteur Maurice Nahon :**
A collaboré à l'ouvrage du docteur O. A. Julian, *Matière Médicale d'Homéothérapie*, Editions Peyronet, et à la traduction française de *How to Live Longer and Feel Better*, Linus Pauling, Editions Sand, 1988.


5, Chemin des Fraisiers
CH – 1212 Grand Lancy
Genève

*« En élargissant le champ de vos connaissances,*
*vous comprendrez peut-être mieux ce qu'est votre vie*
*et votre mort et vous trouverez un moyen de moins vieillir*
*ou de mourir moins tôt. »*
Henri Laborit
*Une vie, derniers entretiens avec Claude Grenié,*
Editions du Félin, 1996.

*« Vieillir est ennuyeux mais c'est le seul moyen*
*que l'on ai trouvé pour ne pas mourir jeune. »*
Sacha Guitry

# Sommaire

# Introduction

Bien que j'exerce la médecine depuis une vingtaine d'années, la prévention et le traitement de la ménopause m'ont toujours posé des problèmes. Pourquoi ?

J'en ai vu des femmes et des profils de femmes :

– refusant systématiquement toute prise d'hormones, pour diverses raisons – philosophiques, ésotériques, antécédents médicaux personnels ou familiaux –, endurant, en silence, parfois avec plaintes de leur entourage et en particulier de leur conjoint, un cortège de troubles variés et infinis ;

– acceptant ou demandant une supplémentation hormonale dès les premières irrégularités du cycle menstruel et s'en trouvant fort bien ;

– demandant une supplémentation mais ne la supportant pas... ou présentant des effets secondaires qui les conduisaient à arrêter très rapidement ;

– désirant une supplémentation mais ne trouvant qu'un refus de la part de leur médecin, refus parfois justifié par des contre-indications ou des antécédents médicaux, personnels ou familiaux, parfois moins justifié ;

– supportant en apparence, mais s'inquiétant de toute évidence.

Chaque femme représente un cas unique réclamant une attention et un traitement particuliers. A cette exigence, au fil des années, les différents traitements de substitution ont tenté de mieux répondre et on vit apparaître différentes formes médicamenteuses, molécules, dosages, voies d'administration permettant de surmonter certaines difficultés. Il n'empêche que de nombreux cas sont restés sans solution et de nombreuses questions posées par des centaines de femmes, sans réponse :
– Les hormones sont-elles vraiment sans danger ?
– Sont-elles absolument indispensables à la prévention de l'ostéoporose ?
– Favorisent-elles le cancer ? quels cancers ? d'autres maladies ?
– Protègent-elles de certaines maladies, les maladies cardiovasculaires, ou la dépression ?
– Ralentissent-elles le vieillissement ?
– Faut-il les prendre pendant de nombreuses années ? et combien de temps exactement ?

A toutes ces questions le médecin cherche et trouve parfois ses réponses dans le savoir universitaire, sa formation permanente, la lecture des nombreux articles consacrés à ce problème dans la presse spécialisée et surtout dans son expérience personnelle. Mais souvent un cas ou une série de cas particuliers viennent tout remettre en cause. Au fil des époques et malheureusement des modes (car il existe aussi de modes en médecine !) les avis changent et se transforment :
– on est tantôt sans réserve, tantôt plus circonspect ;
– parfois plus prudent, lorsqu'apparaît une publication mettant en exergue tel ou tel risque médical ;
– on propose en majorité tel type de traitement à une période donnée, tel autre type de molécule, d'association quelques années plus tard.

Indépendamment des types de « patients », apparaissent alors des types de médecins :
– certains quasiment sans réserve, voire intégristes ou fana-

tiques. J'en ai même vu déclarer : « Hors de l'hormonothérapie point de salut... Vous deviendrez vieille, frigide et vos os se briseront comme du verre ! » On trouve dans cette catégorie bon nombre de spécialistes gynécologues sans aucun doute vis-à-vis de la « Science » ;

– d'autres, au contraire, fermement opposés à toute hormonothérapie, parfois tout aussi fanatiques, promettant à leurs patientes les pires maux, si elles contreviennent à leurs avis. Ce sont parfois des généralistes et plus souvent des médecins « à orientation homéopathie, médecine naturelle, phytothérapie... ».

Bref, cela n'est pas facile, ni d'être patient... ni d'être médecin !

J'en étais là, comme beaucoup de mes amis et confrères, gérant chaque situation avec plus ou moins de bonheur, tentant au gré de l'apparition de nouveaux traitements, de nouvelles combinaisons, de nouveaux dosages, essayant d'adapter le traitement au mieux de chaque situation particulière, lorsque, lors d'un congrès au Canada en 1995, j'écoutai et rencontrai le docteur John R. Lee.

Le docteur Lee avait été invité, à Toronto, en mai 1995, au vingt-quatrième congrès de la Société internationale de médecine orthomoléculaire, présidée par le docteur Abram Hoffer [1]. Je dois avouer que ma première impression ne fut pas très enthousiaste : quel était ce « farfelu » qui remettait en question le fait que l'œstrogénothérapie était l'élément fondamental de la supplémentation hormonale de la ménopause et de la prévention de l'ostéoporose ?

Plus étonnant encore, il tentait de nous expliquer que ce n'était pas l'œstrogène mais la progestérone qui constituait cet élément essentiel. C'en était trop... je cessais d'écouter. Il me fallut quelques mois pour « digérer » et m'en remettre à ma curiosité. Qu'y avait-il derrière tout cela ?

Pendant ce temps, mes activités de recherches bibliogra-

phiques m'avaient conduit vers des publications et des échos de plus en plus nombreux traitant à la fois du problème du vieillissement hormonal dans sa globalité, de la DHEA... et finalement je me suis intéressé de plus près à ces hormones naturelles végétales et ces précurseurs hormonaux dont nous avait entretenu John Lee.
Mythe écolo, opération commerciale ou réalité biologique... ? Devenaient-ils une alternative aux traitements hormonaux, dans quelles circonstances et dans quelle mesure... ? Sont-il réellement efficaces et sans danger, dans quelles conditions peuvent-ils être utilisés ?

En dehors de la ménopause, il restait à vérifier l'ensemble des données américaines :
– à propos des effets des précurseurs hormonaux naturels dans le cadre de diverses affections de la femme comme les syndromes prémenstruels [2], les kystes ovariens, les douleurs osseuses ;
– à propos du vieillissement, féminin ou masculin, de son expression et de son éventuel « ralentissement ».

Je savais déjà, par mon expérience de la médecine nutritionnelle [3], que certains types d'alimentation et de supplémentation nutritionnelle pouvaient retarder la survenue de certaines affections, en diminuer et modifier l'expression symptomatique [4], faciliter ou compléter le traitement médical. Je savais également que beaucoup de manifestations liées au cycle hormonal et finalement très bénignes pouvaient être améliorées par des conseils nutritionnels et certains remèdes « non hormonaux » : vitamines, minéraux, acides gras ou acides aminés.

Je connaissais les travaux et publications du professeur Etienne-Emile Baulieu [5] et de l'Américain Samuel Yen [6] sur l'importance et le rôle de la DHEA, ce précurseur hormonal ou « hormone mère » qui semble jouer un rôle essentiel dans beaucoup de maladies et de symptômes plus ou moins liés au vieillissement.

Je connaissais également les réserves formulées dans le milieu médical à propos de ces « molécules de longue vie ».

Les polémiques ont toujours excité ma curiosité : je me penchai sur la littérature scientifique existante, cherchai les ouvrages traitant de ces sujets (ils ne sont pas très nombreux) et me connectai à des bases de données et de références scientifiques malheureusement, pour une grande majorité d'entre elles, en langue anglaise.

Comme si le « hasard » faisait un clin d'œil je retrouvais alors un ami pharmacien que je n'avais pas revu depuis des années. Il s'agit de Maurice Nahon, qui s'intéressait de très près à ces questions et s'était personnellement entretenu avec le professeur Baulieu[6] dans son unité de l'INSERM à Paris, de ses recherches sur la DHEA et le vieillissement.

Maurice Nahon, docteur en pharmacie, familier de la langue américaine, s'intéressait depuis plus de dix-sept ans aux recherches américaines sur la médecine nutritionnelle et orthomoléculaire et correspondait avec deux chercheurs célèbres dans ce pays : Earl Mindell's[7] et Julian Whitaker[8]. Il avait contribué à l'adaptation française du livre *princeps* de la médecine orthomoléculaire : *How to live longer and feel better* de Linus Pauling[9] aux éditions Tchou.

Par ailleurs, très féru d'homéopathie puisque coauteur d'un traité de matière médicale d'homéothérapie avec les docteurs O. A. Julian et Max Tétau[10] (Ed. Peyronnet). Maurice Nahon partageait avec nous d'autres idées et pôles d'intérêt.

Il ne nous restait plus qu'à tenter de rassembler toutes ces connaissances, ces résultats, ces « possibles et leurs contraires », ces questions et leurs commencements de réponse.

C'est ce que nous avons tenté de faire dans cet ouvrage. Que les « savants » nous pardonnent ! Nous avons délibérément choisi de rendre ces connaissances accessibles au plus grand public. Pour les autres nous avons ajouté le plus grand nombre de références leur permettant d'approfondir s'ils le désirent.

Docteur Dominique Rueff

1. Le docteur Abram Hoffer est psychiatre et auteur de nombreux livres sur les effets de la supplémentation nutritionnelle en psychiatrie. Il est un des pionniers de la recherche en médecine nutritionnelle aux Etats-Unis. Il réside à Victoria en Colombie Britannique.
2. Syndrome prémenstruel : toutes les manifestations qui précèdent les règles, prise de poids, douleurs du ventre ou de la poitrine.
3. Médecine nutritionnelle : prévention et traitement de certaines affections ou maladies par des nutriments, c'est-à-dire les substances nutritives naturellement contenues dans notre organisme que sont les vitamines, les minéraux, les acides gras, les acides ami-

nés. On emploie également en France le terme de nutrithérapie et aux Etats-Unis celui de « médecine orthomoléculaire ». Ce terme « orthomoléculaire » a été créé par Linus Pauling en 1968, lire à ce propos : *Forme et Santé, médecine orthomoléculaire*, Dr Dominique Rueff, Editions du Rocher, 1992, et *La Bible des vitamines et des suppléments nutritionnels*, du même auteur, Albin Michel, 1993.

4. Cette expression peut être difficile à comprendre mais il est aujourd'hui admis que, pour une même maladie, un changement de type d'alimentation peut modifier les symptômes et l'évolution. C'est le cas des maladies cardio-vasculaires, des allergies, des maladies en rapport avec la réponse immunitaire (maladies auto-immunes), etc.

5. Le professeur Baulieu est directeur de l'Unité 33 de l'INSERM, membre de l'Académie des sciences, professeur depuis 1993 au Collège de France, prix Lasker (équivalent du Nobel aux Etats-Unis), spécialiste mondialement reconnu des hormones stéroïdes et découvreur du RU 486 (la pilule abortive).

6. Samuel Yen est directeur du Département de médecine de la reproduction à l'université de San Diego en Californie.

7. Auteur entre autre, de *Vitamines Bible*, Warner Books, NY, 1991.

8. Auteur de la fameuse lettre « Healt & Healing » et de nombreux ouvrages, *The Heart Surgery Trap : why most invasive procedures are unnecessary and how to avoid them*, Julian Whitaker, M.D., Poseidon Publishers, 1992.

9. Sous le titre de *Abusez des vitamines*, Ed. Tchou, 1988.

10. Le docteur Julian fut le fondateur de la Société médicale de biothérapie qui dans les années 70 a orienté de nombreux médecins vers une médecine plus globalisante et ouverte. Le docteur Max Tétau est l'actuel président de cette société médicale.

# Chapitre 1
# Hormones et traitements hormonaux

## Qu'est-ce qu'une hormone ?

Les hormones sont des substances synthétisées et sécrétées par nos glandes endocrines. Ainsi l'insuline sécrétée par le pancréas, qui assure la constance de la concentration en sucres (glucides) de notre sang, la thymuline sécrétée par notre thymus, qui est une des hormones clés de l'immunité, la prolactine qui déclenche la sécrétion de lait chez la mère qui vient d'accoucher et bien entendu les œstrogènes et la progestérone que sécrètent les ovaires.

Nous possédons tous un ensemble complexe de glandes dites endocrines [1] produisant et déversant directement nos hormones dans le système circulatoire pour influencer, régulariser et contrôler l'ensemble de nos processus métaboliques.

– La glande pinéale (1), située à la base du cerveau, sécrète la mélatonine, peut-être trop injustement décriée lors d'une récente opération médiatique et qui n'a sans doute pas encore livré tous ses secrets. Elle aide à la synchronisation de nos biorythmes, apaise le stress, favorise la récupération lors de décalages horaires et possède vraisemblablement d'autres propriétés qui resteraient à étudier sans polémique [2].

– La glande pituitaire (hypophyse) (2) est le « chef d'orchestre » qui stimule les surrénales, la thyroïde, la pigmentation des cellules de la peau, les gonades. Elle sécrète, entre autre, l'hormone de croissance, la prolactine, l'hormone antidiurétique, et l'ocytocine, hormone responsable des contractions utérines lors du travail.

– La glande thyroïde (3) produit la thyroxine, la triiodothyronine, la calcitonine. Elle stimule le métabolisme, produit la chaleur corporelle et joue un rôle indispensable dans la croissance des surrénales.

– Les parathyroïdes (4) : glandes endocrines dont les hormones régulent l'usage et le bon fonctionnement du calcium et du phosphore dans notre corps.

– Le thymus (5) : très important dans le développement de la réponse cellulaire immunitaire. Il contribue à la maturation et à la différenciation des lymphocytes T, ces cellules qui jouent un rôle capital dans la régulation de la réponse immunitaire. Il sécrète une hormone, la thymuline, dont les taux s'abaissent au fur et à mesure de notre vieillissement.

– Les glandes surrénales (6) libèrent la cortisone et produisent les hormones androgènes ainsi que l'aldostérone qui maintient la pression sanguine et la balance du corps en sodium (NA) et potassium (K). Les surrénales produisent dans une zone particulière appelée « substance réticulée » la DHEA (déhydro-epi-androstérone) dont nous parlerons longuement

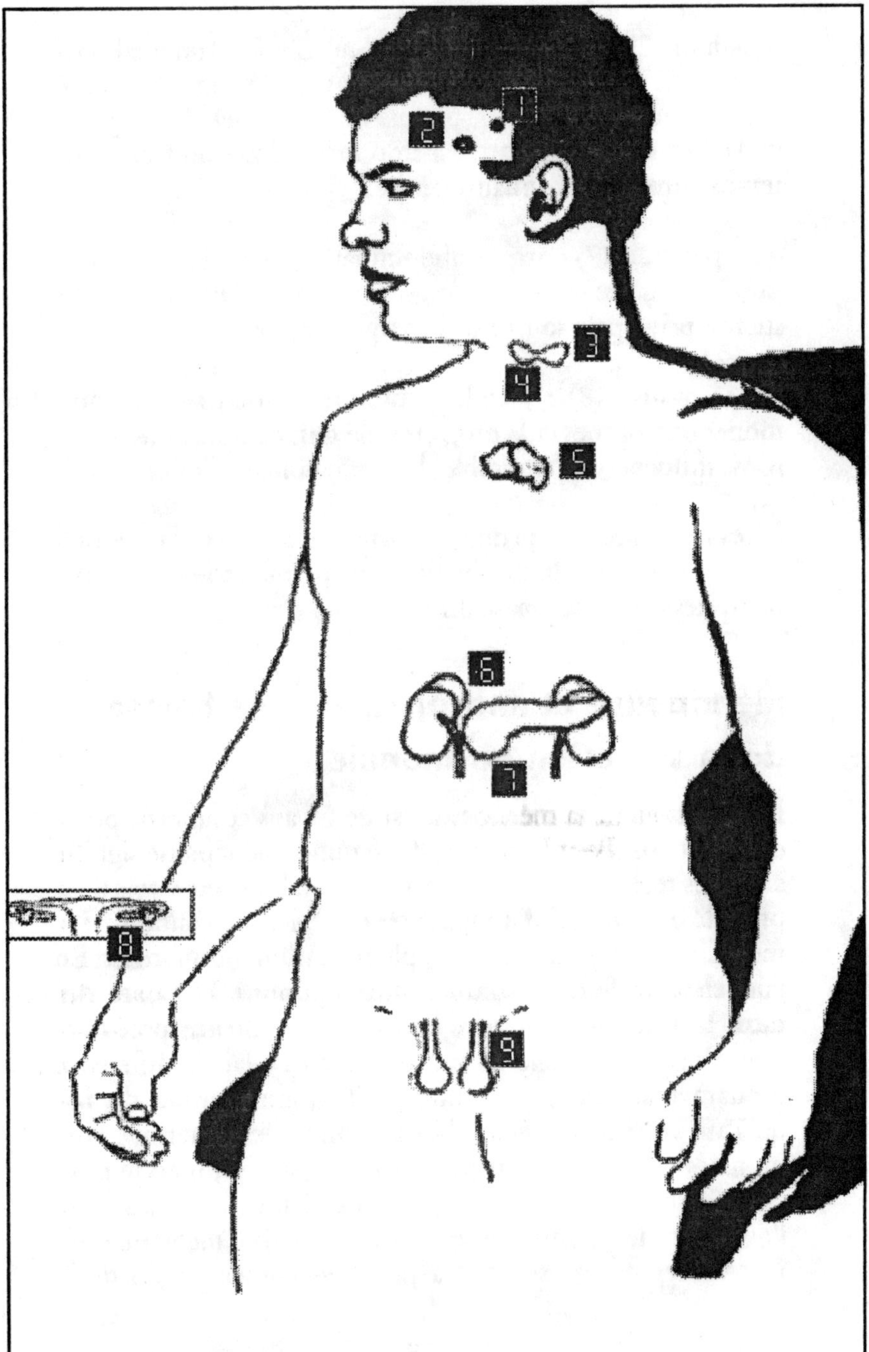

1
2
3
4
5
6
7
8
9

plus loin. Elles jouent également un rôle fondamental dans notre « réponse au stress ». Tout le monde connaît aujourd'hui les effets positifs et, parfois malheureusement négatifs, de la cortisone administrée à trop fortes doses ou trop longtemps comme anti-inflammatoire.

– Le pancréas (7) : organe abdominal responsable de la sécrétion d'insuline et du glucagon, contrôle l'utilisation des sucres, principale source de l'énergie corporelle.

– Les ovaires (8) : glandes féminines, produisent les hormones œstrogènes et la progestérone qui, comme nous le verrons, influencent l'ensemble de la physiologie féminine.

– Les testicules (9) : glandes masculines, sécrètent la testostérone et stimulent la production du sperme et le développement des caractères masculins.

## Ménopause et andropause : une baisse de la sécrétion hormonale

L'âge moyen de la ménopause est de 51 ans et ne varie pratiquement pas. Pour la plupart des femmes ménopause signifie arrêt des règles. Cet arrêt est parfois brutal. D'autres fois il est précédé de périodes d'irrégularités de règles qui conduisent le médecin à proposer une supplémentation hormonale. En fait, **chez la femme comme chez l'homme la baisse des taux hormonaux est progressive** et commence probablement bien avant l'âge moyen de 51 ans. Mais la différence fondamentale entre la femme et l'homme provient du fait qu'à un certain moment, chez la femme, les sécrétions hormonales ne sont plus suffisantes pour assurer un cycle physiologique, c'est-à-dire avec ponte ovarienne, maturation de l'ovule et de la muqueuse utérine et enfin menstruation. L'arrêt des règles est donc à peu près contemporain de la perte de la faculté de procréer, mais la diminution des taux d'hormones sécrétées et circulantes a commencé bien avant cet arrêt et continuera bien après en provoquant ou aggravant d'autres facteurs de perturbation de la qualité de vie.

La décroissance de la sécrétion hormonale est identique chez l'homme avec plus de progressivité et surtout le fait que la possibilité de procréer n'est souvent perdue que beaucoup plus tardivement et à un âge moyen très variable. Cette possibilité dépend bien évidemment de la qualité du sperme qui est elle-même sous la dépendance du bilan hormonal masculin. Mais la complexité des mécanismes mis en jeu est bien moins grande chez l'homme où des taux hormonaux relativement faibles peuvent suffire à maintenir une certaine fécondité ainsi qu'une virilité satisfaisante.

Si au plan strict de la perte de faculté de procréer, l'homme et la femme ont des destinées inégales, il ne semble pas que, pour le reste, les différences soient capitales. Leur silhouette se modifie, ils prennent du poids et de la graisse. La femme prendra plus volontiers sur les hanches ce que l'homme mettra sur son ventre. Ils perdent tous deux, souvent de façon très progressive et donc imperceptible, leur forme tant physique qu'intellectuelle et sexuelle. Leur peau se dessèche, les désirs s'amoindrissent, les cheveux et les poils pubiens tendent à tomber et chez la femme les bouffées de chaleur apparaissent. Encore une petite inégalité, direz-vous ! Bien entendu tous ces symptômes n'apparaissent pas obligatoirement et encore moins au même moment chez tous et toutes. Certains sont plus gâtés que d'autre : c'est la vie, l'inégalité génétique et biologique !

Ce qu'il est important de comprendre, au-delà de ce qui précède, c'est la réelle progressivité des phénomènes de décroissance de ces sécrétions hormonales dont nous n'avons pas seulement besoin pour « faire l'amour » ou procréer mais pour garder le plus longtemps possible la qualité de vie et de santé qui, en principe, restent l'apanage de la jeunesse. Il ne faudrait pas non plus réduire le phénomène aux seules hormones sexuelles car les hormones de notre thyroïde, de nos parathyroïdes, de nos surrénales et de notre thymus sont également impliquées. **Ces hormones gouvernent autant nos équilibres physiques et psychologiques que les bonnes réponses de notre système immunitaire ou nos facultés d'adaptation à la vie et aux stress.**

Elles sont toutes, elles-mêmes, sous la dépendance de facteurs liés au mode de vie : la fatigue, le stress ou le surmenage les affectent en permanence ; notre diététique et notre équilibre nutritionnel sont essentiels. Le fer et le zinc, la plupart des vitamines et bien d'autres nutriments que l'on trouve dans les graisses ou les protéines sont impliqués dans leur synthèse et leur métabolisme. Une personne anémiée aura des taux d'hormones thyroïdiennes bas qui seront corrigés en lui donnant du fer. Une personne âgée sera fatiguée ou déprimée parce que son tube digestif ne lui permettra pas d'absorber normalement certaines vitamines ou que sa ration en vitamine B1, B6, B9 ou B12 sera insuffisante, ou que certains médicaments pris au long cours interféreront avec l'absorption intestinale de ces vitamines. Il faut alors corriger la ration, traiter le tube digestif et parfois remplacer certains médicaments par d'autres.

## La supplémentation hormonale

Mais tout cela ne suffira pas dans tous les cas. On est alors conduit à la supplémentation hormonale. Elle est possible pour les hormones sexuelles (œstrogènes, progestérone, testostérone) et les hormones thyroïdiennes (thyroxine) mais pas toujours sans risque ni sans danger.

Dans tous les cas ces supplémentations nécessitent des consultations médicales et des examens soigneux tant cliniques que biologiques pour adapter les doses, rester dans les fourchettes de la physiologie (car cela n'est pas du dopage !) et surveiller l'absence d'effets secondaires et de risques induits. La supplémentation physiologique de substitution n'est ni simple à mettre en œuvre, à « piloter », ni à évaluer dans le cadre d'un rapport bénéfice/risque qui devra rester toujours positif.

Comme nous le verrons, la consommation d'extraits de wild yam permet dès l'apparition des premiers symptômes de décroissance hormonale, chez l'homme comme chez la femme, d'éviter bien des problèmes ou des « surprises » à plus long terme.

Quand commencer à se traiter ? Il n'y pas de règle. Interrogez vos parents et essayez de leur faire préciser l'âge de leurs premiers symptômes de vieillissement. N'hésitez pas, non plus, à consulter le miroir. Au besoin, votre médecin peut vous prescrire un dosage hormonal urinaire ou plasmatique et, si ces dosage sont inférieurs à la moyenne, n'hésitez pas à vous interroger.

Dans d'autres cas, si vous pensez que vos habitudes alimentaires doivent être corrigées, consultez un médecin connaissant bien la pratique des dosages nutritionnels et, en attendant, veillez à l'équilibre de votre alimentation, enrichissez-la si besoin en nutriments avec des préparations polyvitaminées et multiminérales de bonne qualité et suffisamment dosées. Réduisez la consommation d'alcool ou de tabac. Si vous avez tendance à grossir, à prendre du ventre ou de la cuisse, certains extraits de yam pourront également vous aider. Si votre médecin traitant vous conseille des supplémentations hormonales médicamenteuses pour prévenir l'ostéoporose, proposez-lui d'essayer éventuellement et en premier lieu ces mêmes extraits.

**En effet, il existe aujourd'hui d'autres solutions que les remèdes hormonaux médicamenteux pour pallier aux symptômes de la ménopause et c'est tout le sujet de ce livre !**

Mais auparavant, jetons un coup d'œil sur la physiologie féminine !

Votre corps produit deux principales hormones pendant la première partie de votre vie : œstrogène et progestérone. Lorsque vous atteignez environ la quarantaine, les ovaires produisent graduellement de moins en moins de ces hormones, ce qui a pour effet de voir disparaître les périodes menstruelles.

A l'approche de la ménopause, disons entre 48 et 52 ans, le ratio en œstrogènes et progestérone fluctue largement entre le haut et le bas, ce qui peut entraîner des phénomènes importants comme les bouffées de chaleur, symptôme communs à la ménopause, pouvant durer quelques minutes. Leur survenue nocturne vous laissera fatiguée et irritable le jour suivant.

D'autres symptômes non moins fréquents tels que la sécheresse vaginale, le rétrécissement des parois vaginales altèrent et rendent problématique le confort sexuel.

De plus, certaines infections urinaires peuvent dépendre de la sécheresse et de la finesse des parois urétrales. Avec la diminution du taux d'œstrogènes, l'utérus, le vagin, la vessie perdent de leur tonicité, causant un « prolapsus ». Ce prolapsus vésical peut être cause d'incontinence.

A ces phénomènes, viennent souvent s'ajouter stress et dépression. Vous ne négociez plus votre stress comme vous le devriez, vous êtes plus irritable envers votre famille, vos amis, vos collègues de travail et votre joie de vivre s'estompe.

Vous pourriez alors choisir un traitement de substitution hormonale (THS) classique. Il s'agit d'une combinaison d'œstrogènes et de progestérone de synthèse (progestatifs) dont le but est d'améliorer votre qualité et votre confort de vie, vous protéger de vos malaises et, à long terme, de l'ostéoporose et de troubles cardio-vasculaires.

En 1965 la parution du livre du docteur Robert A. Wilson *Féminine pour toujours* fit se précipiter des milliers de femmes chez leur médecin à la recherche de cette « fontaine de jouvence » manifestée par les précieux œstrogènes. Le mouvement ne fit que croître pendant une dizaine d'années, jusqu'à la parution de deux articles dans la célèbre revue scientifique *New England Journal of Medicine* où les auteurs démontraient une relation étroite entre la supplémentation en œstrogènes et le cancer de l'endomètre (paroi interne de l'utérus).

C'est au début des années 80 que les chercheurs comprirent que l'administration conjointe de progestatifs (progestérones de synthèse) de façon permanente ou séquentielle permettait de réduire ce risque de cancer.

L'enthousiasme des premiers jours était cependant retombé et les médecins étaient devenus plus prudents. D'autres questions se posaient et se poseront encore car il faut des dizaines d'années de recul pour affirmer qu'un traitement de cet ordre n'est pas, à long terme, nocif.

Qu'en est-il du risque par rapport à d'autres cancers et notamment le cancer du sein ? Là encore les études se contredisent, certaines ne concluent pas à une augmentation du risque, d'autres à une faible augmentation. Il faut dire que sur un plan théorique la ménopause et la préménopause (c'est-à-dire les quelques années précédant l'arrêt des règles) sont déjà en soi des « périodes à risque » et qu'il est donc difficile de différencier le risque naturel du risque provoqué par une supplémentation hormonale.

Il faut ajouter que génétiquement les femmes sont différentes et que ce qui est vrai pour une femme porteuse de « récepteurs » dans sa glande mammaire que les œstrogènes, ou plus rarement les progestatifs, soient capables d'activer n'est pas vrai pour une autre femme qui ne porte pas ces mêmes récepteurs. La présence de ces récepteurs fait que le risque de cancer diminue, chez certaines femmes et seulement chez elles, lorsque les ovaires ont cessé de fonctionner. La prolongation d'un apport hormonal ne risque-t-elle pas de prolonger ou d'accentuer le risque de survenue d'un cancer mammaire chez ces femmes ? A toutes ces interrogations on peut répondre de différentes façons et les réponses, ainsi que nous l'avons précisé dans notre introduction, peuvent dépendre du caractère de la patiente ou de son médecin. Elles peuvent dépendre également de la surveillance clinique, radiologique et biologique de cette patiente et on peut se demander, à ce propos, si la volonté affirmée de faire à tout prix des économies de santé ne représente pas un réel danger ?

Les attitudes conseillées devraient, cas par cas, dépendre du rapport bénéfice/risque : les hormones de substitution sont-elles indispensables ? pourquoi et pour qui ? Si elles sont utiles ou innocentées au plan cardio-vasculaire leur nécessité ne fait pas encore, quoiqu'on en dise, l'unanimité. Il faudrait donc se poser la vraie raison de leur prescription :

– Est-ce pour la prévention de l'ostéoporose ? Mais d'autres facteurs ne sont-ils pas aussi importants ?
– Est-ce pour la beauté du corps en général et de la peau en particulier ?
– Pour l'état des muqueuses vaginales et pour la libido ? Mais tout le monde n'accorde pas systématiquement la même importance à ces problèmes et là encore d'autres facteurs entrent en ligne de compte.

Si vous vous adressez à votre médecin pour l'un ou l'autre de vos symptômes ménopausiques, vous vous verrez prescrire par exemple un composé oral œstrogénique de type médicamenteux et éventuellement de la progestérone de synthèse. Votre praticien ne vous conseillera vraisemblablement pas une substitution hormonale si vous avez eu un antécédent de cancer du sein ou de l'utérus.

Il est hors de doute que le traitement de substitution hormonale, le THS, réduit voire annihile les symptômes de la ménopause. Mais il ne s'agit pas d'une panacée et les symptômes réapparaissent si vous cessez la médication.

Même si votre praticien vous affirme que le THS est la

seule alternative de prévention de l'ostéoporose ou de l'infarctus, sachez qu'il n'existe pas de preuve suffisante justifiant formellement cette affirmation.

Une publication émanant du *New England Journal of Medicine* du 14 octobre 1993 relate que la prise d'œstrogène sur une période de cinq à dix ans après la survenue de la ménopause ne prévient en aucun cas d'une fracture de hanche quelques années plus tard ; et cela parce que dès lors que l'on arrête la médication œstrogénique [3], la perte osseuse reprend ses droits et, lorsque la femme atteint 75 ans, par exemple, et qu'elle est plus susceptible d'une fracture de la hanche, il n'a été constaté aucune différence entre les utilisatrices et les non- utilisatrices d'une substitution hormonale.

**Autrement dit, pour obtenir une médication préventive maximale, la prise d'œstrogène ne devrait jamais être interrompue. Mais le paradoxe est que la prise non stop [4] d'hormones risque d'accroître, à long terme, les risques de cancer du sein !**

Un phénomène comparable a été rapporté à propos de l'athérosclérose sous THS. Les femmes courent environ 45 % de risques en moins de développer des processus athéromateux, les œstrogènes permettant théoriquement l'accroissement du « bon cholestérol HDL » et la diminution du « mauvais cholestérol LDL ».

Cependant, un expert nutritionniste, le docteur Alan Gaby, (*Preventing an Reversing Osteoporosis*) a constaté que les pseudo-bénéfices cardio-vasculaires de la thérapie œstrogénique étaient peut-être dûs au fait que les hormones les plus couramment prescrites le sont plus volontiers à celles qui ont un très faible risque cardio-vasculaire plutôt qu'aux femmes présentant des problèmes de diabète, de tension artérielle élevée, chez qui les œstrogènes sont à déconseiller.

## Les effets recherchés par le traitement de substitution hormonale

8 % seulement des femmes françaises sont supplémentées (par un THS classique) contre 28 % aux Etats-Unis, 15 % en Allemagne. Est-ce à dire que les femmes françaises sont plus réservées ou que l'information médicale est moins bien faite en France ? Toujours est-il que les avantages d'une supplémentation bien conduite, bien contrôlée, surveillée et acceptée devraient avoir de quoi en faire réfléchir plus d'une. Que peut-on en attendre ?

**– L'amélioration de la forme physique et psychique.**
Elle est indiscutable. Les œstrogènes ont un effet tonique et euphorisant. Indépendamment du fait que beaucoup de femmes ont tendance à devenir plus fatigables et déprimées au moment de la ménopause (cela ne fait jamais plaisir de vieillir), l'effet des œstrogènes a été objectivement mesuré dans plusieurs études. Il peut être renforcé par des supplémentations nutritionnelles en folates (vitamine B9), calcium, magnésium, vitamine C et autres antioxydants comme la vitamine E ou le sélénium.

**– La disparition des bouffées de chaleur chez la femme en préménopause et ménopause.**
C'est une évidence car en quelques jours elles disparaissent ainsi que leur cortège associé de transpirations, de coups de pompe et d'insomnies. La tendance voudrait que parfois on ait recours à un surdosage. Ce n'est pas une bonne solution car ce dernier n'est pas sans risque (voir plus loin). Dans le cas où ces bouffées seraient très importantes, il vaut mieux associer des traitements de type veinotonique (apportant de la vitamine C, des flavonoïdes, du magnésium, des plantes vasculo-protectrices et antioxydantes telles que le gingko-biloba) voire des traitements homéopathiques qui semblent efficaces dans cette indication.

**– Le maintien de la beauté.**
C'est la qualité et la trophicité de la peau du corps et du visage qui sont en jeu. La formation des rides et des ridules ainsi que la prise de poids ou l'apparition de poches cellulitiques sont aggravées par les déficiences hormonales.

Certains troubles semblent dus à l'amenuisement de la sécrétion en androgènes et en DHEA contribuant chez la femme à l'évolution du vieillissement cutané ; d'où l'avantage du wild yam, cette plante qui vient apporter les précurseurs des androgènes et des stéroïdes surrénaliens et sexuels.

**– La douleur osseuse.**
Souvent elle marque le début de la déminéralisation du squelette et de l'ostéoporose malgré l'institution de mesures hygiéno-diététiques correctes. Là encore la supériorité des extraits naturels de wild yam est étonnante et s'explique par la multiplicité des précurseurs hormonaux qui sont naturellement apportés.

De nombreuses études confirment les effets de la supplémentation œstrogénique sur le ralentissement de la perte osseuse dans le cadre de la ménopause. Cette supplémentation freine la résorption de l'os au niveau des cellules particulières que sont les ostéoclastes. Ces cellules présentent des récepteurs qui sont sensibles aux œstrogènes.

Ces études confirment que la supplémentation en œstrogènes diminue considérablement le risque de fracture osseuse après la ménopause. **Les effets sont observés tant que la supplémentation existe et cessent dès qu'elle est suspendue. Les œstrogènes provoquent à long terme une hyperplasie de l'endomètre (augmentation de volume et de vascularisation) et une augmentation du risque de survenue de cancer à ce niveau, qui contraint d'adjoindre une supplémentation en progestérone pour se protéger de ce risque. Il ne semble pas que la progestérone de synthèse (habituellement utilisée) ait une action importante sur le métabolisme osseux.**

Nous verrons au chapitre consacré au wild yam quels sont les avantages et les différences qu'entraîne la supplémentation en progestérone naturelle sur l'important problème de la prévention de l'ostéoporose.

**– La sexualité.**

C'est la sécheresse des muqueuses vaginales qui pose parfois de réels problèmes. Or elle est rapidement traitée et corrigée par une supplémentation adéquate. Le maintien de la libido n'est pas à négliger, la prévention et parfois l'amélioration de certains troubles urinaires non plus. La ptose vésicale et la tendance aux pertes urinaires du fait de l'atrophie des sphincters sont en effet un facteur non négligeable de stress ou de dépression. La supplémentation hormonale permet souvent de les corriger.

**– La protection cardio-vasculaire.**

La maladie cardio-vasculaire est une des premières causes de mortalité dans les pays industrialisés. Chez la femme, la privation en œstrogènes au moment de la ménopause semble augmenter considérablement ce risque. Divers mécanismes ont été invoqués : diminution de la tendance hypertensive, effets sur la paroi artérielle, augmentation du « bon cholestérol » et diminution du « mauvais », effet favorable sur la coagulation sanguine, sur la diminution et la redistribution du poids corporel ainsi que sur la sécrétion de l'insuline.

Les résultats « euphoriques » publiés dans certaines études doivent être tempérés par le fait que les femmes rentrant dans le cadre de ces études étaient sélectionnées pour leur absence de risques cardio-vasculaires d'autres origines. Il est de plus très difficile de séparer et évaluer les effets dépendant des œstrogènes et ceux dépendant du terrain génétique individuel, du sport ou de la pratique régulière d'un exercice, de l'alimentation (notamment en lipides), du tabac, du stress, d'autant que les œstrogènes utilisés dans différentes études, aux Etats-Unis et dans d'autres pays, ne sont pas tous les mêmes.

## Effets secondaires et risques potentiels des hormones synthétiques

10 % environ des femmes recevant des hormones de substitution se plaignent d'une perte de fermeté de leur poitrine, de rétention d'eau, de transpiration, de troubles de leur humeur, de crampes. D'autres ont rapporté une élévation de leur tension artérielle, un gain de poids, des infections intestinales. Mais les risques majeurs sont de trois ordres : cancer de l'endomètre, cancer du sein et risque cardio-vasculaire.

**Le cancer de l'endomètre** semble la conséquence d'un traitement de substitution mal conduit plutôt que du traitement lui-même. Ainsi que nous venons de le voir, le progestatif de synthèse est prescrit dans le seul but de protéger la muqueuse de l'utérus des risques induits par les œstrogènes. Les œstrogènes provoquent et entretiennent une « hyperplasie » de la muqueuse utérine qui chez six femmes sur mille, entre 65 et 70 ans, risque d'induire un cancer de la muqueuse de la cavité utérine (endomètre). Ce risque est supérieur chez les obèses car leur graisse peut stocker et par la suite augmenter la libération des œstrogènes. D'autres facteurs entrent probablement en compte, comme le tabac ou des facteurs nutritionnels. Ce cancer est redouté et grave car il est peu sensible à la chimiothérapie et, du fait que les femmes de cet âge ont tendance à ne pas consulter ou pas assez régulièrement, il peut passer inaperçu jusqu'à un stade avancé et finalement difficile à traiter. Il faut aussi que le gynécologue consulté ne se contente pas d'un examen de routine mais pratique, chez ces femmes à risque, un examen en profondeur de la cavité utérine (encore appelé hystéroscopie).

Le choix du type de progestatif utilisé, sa durée de prescription et sa posologie sont donc essentiels pendant toute la durée de la supplémentation oestrogénique.

Il semblerait que certains symptômes d'intolérance au THS (traitement de substitution hormonale) permettent de guider le médecin vers un meilleur choix. Mais ce choix n'est pas si facile ! Le progestatif utilisé peut être mal toléré, conduisant la patiente à en réduire elle-même les doses qui risquent alors de s'avérer insuffisantes pour contrebalancer les effets négatifs des œstrogènes sur la muqueuse utérine et diminuer le risque de cancer.

La supplémentation par le biais des extraits naturels de wild yam permet de contourner ce problème car la sécrétion de progestérone naturelle, naturellement induite, ne risque pas de provoquer de troubles. Nous verrons en détail cette question au chapitre que nous consacrons à la progestérone naturelle.

**Le cancer du sein** est un problème encore plus difficile.
De nombreuses femmes présentant dans leurs tissus mammaires des récepteurs hormonaux sont sensibles aux œstrogènes, à la progestérone ou à ces deux hormones dans des proportions variables, strictement individuelles et génétiquement déterminées. Aujourd'hui lorsque l'on découvre un cancer du sein, on analyse les tissus et on recherche ces récepteurs.

Lorsque ces récepteurs sont positifs, notamment aux œstrogènes, on prescrit (seuls ou en association, c'est-à-dire en plus de la chirurgie, chimiothérapie ou radiothérapie) des substances aux effets anti-œstrogéniques capables d'améliorer le pronostic et de prolonger la vie de ces patientes.

Les femmes qui ont eu tout au long de leur vie des symptômes d'hyperœstrogénie relative, comme douleurs et gonflements des seins avant les règles, kystes mammaires ou ovariens, sont dites « à risque » car les deux tiers d'entre elles possèdent des récepteurs positifs aux œstrogènes dans leurs glandes mammaires. Lorsqu'au moment de la ménopause la sécrétion en œstrogènes se tarit naturellement, le risque diminue lui aussi. Il est donc évident que le fait de prolonger artificiellement « l'imprégnation œstrogénique » de ces femmes n'est pas innocent, même si cette imprégnation est à doses physiologiques avec des œstrogènes aussi naturels que possibles. Certains rétorqueront à ce dilemme que l'adjonction du progestatif à dose utile réduit le risque, comme dans le cadre du cancer de l'endomètre. Les choses ne sont malheureusement pas si simples, car un bon nombre de ces femmes à « risque œstrogénique » présentent aussi des récepteurs positifs aux progestatifs qu'une imprégnation progestative massive risque de stimuler. Pourquoi ne pas essayer de dépister ces femmes ? Parce que c'est tout simplement infaisable du fait de l'impossibilité éthique de prélever des tissus dans le cadre d'un seul dépistage.

**Alors que faire ?**

Il faut essayer de prévoir ce risque chez ces femmes qui :

– ont déjà eu un cancer ou ont dans leur famille de nombreux cas de cancers du sein ;
– ont eu tout au long de leur vie des maladies bénignes du sein qui semblaient sensibles aux œstrogènes et s'accompagner de symptômes d'hyperœstrogénie ;
– ont eu leurs premières règles très tôt, une ménopause tardive donc une vie génitale et hormonale plus longue ;
– n'ont pas eu d'enfants ou de grossesse après 35 ans ;
– qui fument, sont stressées et risquent d'avoir des déséquilibres ou des carences nutritionnels.

Et il faut les surveiller régulièrement si on décide de leur proposer un traitement substitutif (THS).

Reste encore une autre solution qu'on ne doit pas considérer comme une « assurance tous risques et à faire n'importe quoi » : celle de la supplémentation par des extraits de wild yam.

**Traiter du risque cardio-vasculaire** peut sembler paradoxal après ce que nous avons dit plus haut. Mais nous avons bien précisé qu'il fallait être prudent avec les résultats publiés et annoncés parfois à grand renfort de publicité au corps médical. Car on connaît le risque vasculaire induit par les œstrogènes de synthèse et il est quasiment impossible d'affirmer que, dans le cadre de supplémentations, des composés toxiques ne se forment pas au niveau hépatique. C'est pour cette raison que bon nombre de thérapeutes préfèrent administrer les œstrogènes par voie transcutanée au moyen de gels ou de patchs afin d'éviter ce passage hépatique. Il faut cependant demeurer prudent chez les femmes présentant par ailleurs des risques cardio-vasculaires du fait de leurs antécédants personnels et familiaux. Chez ces dernières il faudra établir un protocole de surveillance clinique soigneux des paramètres vasculaires et lipidiques (dosages du cholestérol et de ses fractions, des triglycérides), des paramètres hépatiques. On conseillera, en outre, une alimentation appropriée bien équilibrée en apports lipidiques (préférer les huiles d'olive, de noix ou de soja) pas trop riches en graisses saturées (laitages, gâteaux, biscottes, viennoiseries, etc.), une supplémentation en nutriments dits « antioxydants ». On vérifiera le cas échéant l'absence de carences en vitamines du groupe B (notamment en folates, la B9), cette carence générant un risque indépendant, mais parfaitement détectable.

Les autres inconvénients sont essentiellement la prolongation ou la réapparition des règles. Cette situation doit être soigneusement évaluée par le médecin car elle traduit soit la persistance d'une sécrétion œstrogénique naturelle soit un surdosage en œstrogènes en début de THS. Ces surdosages doivent être soigneusement corrigés pour les raisons que nous avons évoquées. De plus certaines femmes ne veulent plus de ces règles abondantes risquant de prolonger des carences en fer, des états de fatigue que la ménopause et l'arrêt des menstruations avaient fait disparaître. Certaines maladies comme les fibromes ou les kystes ovariens risquent d'être auto-entretenues ou prolongées, surtout dans le cadre d'un THS déséquilibré au profit des œstrogènes.

Ici encore il devrait être plus facile d'arriver à un équilibre hormonal satisfaisant au moyen des extraits naturels de yam.

## Histoires d'hormones chez des femmes en péril

Je connaissais une jeune femme qui était préparatrice en pharmacie et ne devait pas avoir vingt-deux ans. Comme toutes les jeunes femmes de son époque elle « prenait la pilule » sans trop savoir pourquoi. C'est tellement facile le confort, et puis il y un âge où on attend le prince charmant ! Son père et sa mère avaient été traités pour des taux trop importants de cholestérol. Sa mère avait mal aux jambes, son père souffrait de varices et d'hémorroïdes et un peu d'hypertension. Mais on ne vit pas avec le dossier médical de ses parents dans la tête. Ce qui restait surtout de son éducation, c'était les habitudes alimentaires, et on était « bon mangeurs » dans la famille, mangeurs de quiches, de pizzas, de fromages et de laitages... c'est tellement bon ! Et puis comme elle travaillait dur il venait parfois un petit coup de pompe en milieu de matinée que le croissant, la cigarette et le café faisaient vite oublier. Oh ! elle ne fumait pas beaucoup, juste une dizaine de cigarettes dans la journée et surtout la soirée. Ça n'était pas bien grave puisqu'on était jeune... et on aurait tout le temps de s'arrêter, un jour. C'est sans prévenir que le malaise survint : une sensation de gorge serrée, d'étouffement... le cœur qui se met à battre, un enfoncement dans le coton, puis la noyade... Le SAMU était là une dizaine de minutes plus tard et la transportait en réanimation. Le diagnostic ne se fit pas attendre : embolie pulmonaire massive. Malgré toutes les thérapeutiques mises en œuvre elle décéda le lendemain.

Elle nous quitta parce que personne, parmi ceux qui lui avaient conseillé ou prescrit la pilule, ne lui avait demandé si ses parents avaient des troubles de la coagulation, de la circulation sanguine, de l'hypertension artérielle ou du cholestérol. Personne ne lui avait demandé si elle n'en avait pas elle-même, si elle fumait, ce qu'elle mangeait, si elle était sportive, avait ou n'avait pas de temps à autre un peu mal aux jambes.

Il suffirait de lire l'excellent ouvrage du docteur Ellen

Grant, *Amère Pilule*, paru en 1990 aux Editions OEIL et préfacé par le professeur Lucien Israël, pour comprendre l'exemple précédent, l'expliquer et savoir qu'il n'est pas, loin de là, un cas isolé...

Mais rassurez-vous : cet ouvrage ne traitait pas de la supplémentation hormonale de la ménopause, seulement de la « pilule contraceptive » ; et les pilules des premières années n'étaient pas mini ou microdosées comme les pilules d'aujourd'hui. Lisez cependant bien les mises en garde figurant dans les emballages de ces pilules plus récentes : les contre-indications et les dangers sont les mêmes, bien qu'ils soient probablement atténués.

**On doit comprendre une différence fondamentale entre la pilule anticonceptionnelle et la supplémentation hormonale médicale ou ménopausique : la pilule bloque un processus naturel, celui de l'ovulation, et la supplémentation hormonale de la ménopause cherche à prolonger un processus naturel. Les produits proposés (œstrogènes et progestatifs de synthèse) sont cependant les mêmes, à peu de choses près.** Le recul scientifique n'est pas différent dans l'un ou l'autre cas et ne remonte pas au-delà du milieu des années 60.

Dans sa préface au livre d'Ellen Grant, Lucien Israël écrivait : « Il faut, par exemple, vingt ans dans l'espèce humaine pour que se manifeste le potentiel cancérigène d'une drogue quelconque, et les résultats ne sont pas extrapolables d'une espèce à l'autre. Il peut en être ainsi des médicaments. Nombre d'entre eux, après avoir franchi avec succès les obstacles conduisant à leur mise sur le marché, doivent être retirés des années après parce qu'une toxicité imprévue et tardive s'est manifestée. »

Au-delà de ce cas dramatique nous connaissons des dizaines de femmes qui n'ont pas supporté ce type de traitement ou qui ont eu dans les années suivant sa mise en œuvre des incidents ou des troubles qu'il était difficile de ne pas mettre en relation avec lui.

Il existe également un grand nombre de troubles multiformes difficiles à identifier : certaines femmes sont-elles contrariées par la mise en route d'un tel traitement ? Dans ce cas on risque bien entendu d'assister à une sorte d'effet placebo « à l'envers », c'est-à-dire d'effet « nocebo » : quels que soient les effets positifs attendus les inconvénients l'emporteront. Cela pourra aller de la prise de poids, l'œdème, le mal aux jambes, le mal de tête ou la chute de cheveux... à la douleur dans la poitrine, l'augmentation de volume des seins ou des nodules s'y trouvant. Cela peut être l'apparition, contemporaine de la mise en route du traitement, d'une insomnie ou d'une dépression ou la prolongation de règles (qui n'en sont pas), c'est-à-dire de saignements mal vécus ou fatigants parce qu'ils aggravent une déficience nutritionnelle en fer, et plus tard une anémie qui se manifestera justement par une grande fatigue confondue avec une dépression.

Nous connaissons de nombreuses femmes qui étaient demandeuses et qui visiblement ont subi quelques-uns de ces effets secondaires. Etaient-elles demandeuses au plus profond de leur psychisme ? Il faudrait être fin psychologue pour répondre à cette question. Portaient-elles un déséquilibre préexistant, un risque génétique susceptible d'aggraver certaines conséquences du traitement ? Le type d'hormone avait-il été bien choisi ? Car il faut savoir qu'il existe aujourd'hui, à disposition du médecin, différents types d'œstrogènes et de progestatifs avec des risques et des effets secondaires très variables. Si chaque prescripteur a ses habitudes et connaît un produit mieux qu'un autre, chaque femme réagit spécifiquement, et il ne faut pas hésiter à adapter le traitement tant au plan de la posologie que du produit spécifiquement utilisé. Ce choix a-t-il toujours été fait et bien fait avant que l'on prenne la décision définitive de continuer ou de renoncer ? Si on décide de continuer est-on certain qu'une surveillance médicale sera correctement et régulièrement pratiquée ?

D'autres facteurs que la supplémentation hormonale risquent de moduler les effets de cette supplémentation. Il ne s'agit pas que de psychisme, de tempérament, mais d'un état de santé dans sa globalité : quels sont les antécédents de cette patiente ? Peuvent-ils interférer avec un traitement hormonal, peuvent-ils être traités et permettre de penser qu'une supplémentation de posologie ou de forme différente sera mieux supportée. Comment se nourrit-elle ? Risque-t-elle des carences ou des déficiences nutritionnelles (vitamine B6 ou zinc...) susceptibles de modifier son propre métabolisme hormonal ? Comment réagira son hépatocyte, cette petite cellule du foie qui transforme les hormones que nous introduisons dans l'organisme et qui est à la base de leur assimilation et de leur élimination ?

**L'histoire de Jocelyne**

Jocelyne avait 52 ans lorsqu'on lui proposa un traitement hormonal. Elle n'était pas vraiment convaincue. D'abord elle s'était soignée toute sa vie avec des médecines qu'elle jugeait plus « naturelles », ensuite elle avait souffert, également toute sa vie, de ce que l'on nomme « syndrome prémenstruel, ou plus simplement tout un cortège de symptômes comme douleurs et gonflement des seins et du bas ventre à la fin de presque chaque cycle. Lorsque ses règles disparurent elle fut comblée de joie : plus de migraines ni de douleurs chaque mois ! Son enthousiasme fut de courte durée car les douleurs furent rapidement remplacées par des bouffées de chaleur « à ne plus dormir même dans un frigidaire ». Après diverses consultations de médecins qualifiés en médecine naturelle, elle en était toujours au même point. C'est à contrecœur qu'elle finit par en parler à son gynécologue qui s'exclama : « Quels idiots... le traitement hormonal vous soulagera en quelques heures ! »

Il lui vanta tous les avantages de ce traitement et lui donna même une petite plaquette qu'un laboratoire pharmaceutique, fabricant d'hormones de synthèse, avait dû lui remettre en échantilon.

Elle n'était toujours pas convaincue et demanda un délai

de grâce. Les « ébullitions nocturnes » continuaient, le sommeil devenait de plus en plus difficile, et elle était de plus en plus fatiguée et dépressive quand elle commença à avoir mal un peu partout. « Ça y est, c'est l'ostéoporose, le gynéco a raison, je vais me casser de partout ! ».

Elle retourna consulter le spécialiste qui l'engueula : « Enfin Jocelyne vous êtes maso ? »

Il lui fit passer une ostéodensitométrie[5] qui était tout à fait normale et lui prescrivit un traitement hormonal de substitution. A son grand étonnement, elle le supporta très bien. Certes les seins étaient un peu plus tendus, mais ce n'était pas si désagréable. Quant aux bouffées de chaleur, elles avaient disparu en quelques jours. Les douleurs mirent un peu plus de temps et puis... on oublia tout ça : « Si j'avais su, j'aurais commencé plus tôt ! »

Les années passèrent, une, deux puis quatre, six. Le gynéco avait demandé à la voir régulièrement une fois par an. Il l'examinait, lui faisait un frottis, lui palpait les seins et la rassurait, « Tout va bien ! » Un jour elle lui demanda une mammographie[6], c'était en novembre. « Pas de problème, lui répondit-il, ça fait longtemps que vous n'en avez pas eue, les RMO[7] me permettent de vous la prescrire. »

Le radiologue la trouva apparemment normale et elle se dit qu'elle la montrerait à son médecin l'année prochaine. Cette année-là fut un peu dure : elle perdit son père et eut un accident de voiture. La ceinture lui avait un peu écrasé le sein mais c'était sans gravité. L'été fut maussade et son compagnon la quitta. C'est en octobre que, sous la douche, elle la sentit, la petite boule, dans le sein droit, là, juste où la ceinture avait fait un bleu, là, juste où ça faisait mal, il y a bien longtemps.

Elle fonça chez le gynécologue. On connaît la suite : mammographies, échographies, ponction, biopsie, examen attentif des cellules prélevées et dosage des récepteurs hormonaux[8] dans ces cellules... Ils étaient hyperpositifs aux œstrogènes. Le cancérologue consulté (elle avait eu l'idée d'en consulter un, ce qui n'est pas toujours le cas) s'exclama : « Mais comment ? Avec tous ces cancers dans la famille, toute votre histoire personnelle de problèmes mammaires et gynécologiques et le fait que vous n'avez pas eu d'enfants et puis... cette cigarette, combien déjà, deux paquets ? Remarquez vous avez eu la chance de ne pas avoir d'autres problèmes ! Enfin, on n'aurait pas dû vous proposer une supplémentation œstrogénique sans vous expliquer les raisons d'une surveillance médicale régulière ! Ah ! ces gynécos, ils comprennent rien à la cancéro ! En tous cas, maintenant il va falloir vous opérer, et en fonction des résultats on décidera : rien d'autre ? chimiothérapie ? radiothérapie ? ou peut-être les deux ? »

Jocelyne s'en tira bien, un peu déçue par le corps médical, on le serait à moins, mais le cancérologue lui prescrivit des anti-œstrogènes.

« C'est quoi des anti-œstrogènes ?
– Ce sont des contre-œstrogènes, vous savez ces hormones que vous avez prises pendant huit ans et qui sont probablement une des principales causes de votre cancer !... et maintenant il va falloir surveiller le foie, vos artères et l'utérus car ces médicaments ne sont pas sans danger. Au fait vous avez arrêté de fumer ? »

Puis ce fut la télé qui balançait au Journal télévisé de 20 heures : « Le Tam... (c'est le nom de l'antiœstrogène) est cancérigène ! » Elle n'arriva à joindre le cancérologue que le lendemain à 15 heures (vous imaginez la nuit !), la ligne téléphonique était encombrée.

« Mais non, mais non pas, de problème, c'est simplement l'utérus qu'il faut surveiller !
– Alors surveillez-moi !
– Non, ça c'est votre gynéco qui doit le faire ! »

L'histoire ne finit pas trop mal, mais à quel prix, et quelle angoisse ?

## Prise en compte de la situation individuelle

Dans tous les cas, des examens réguliers sont nécessaires si l'on suit un traitement hormonal. Mammographies, échographies mammaires ou pelviennes, dosage des lipides sanguins, non seulement du cholestérol mais du rapport entre le « bon » et le « mauvais » cholestérol [9], interrogatoires à propos du mode de vie (tabac, alimentation, degré de stress, etc.), des autres médicaments absorbés...

Tout est question de situation individuelle, d'attention du thérapeute à cette situation et d'adaptation rigoureuse de la surveillance et du traitement aux réactions individuelles et aux résultats des examens.

Il n'en reste pas moins qu'indépendamment de tous les cas de figure que l'on peut prévoir et de la compétence du médecin certaines réactions surviennent là où on ne les attendait pas : hémorragies, migraines, persistance des bouffées de chaleur ou apparition de douleurs articulaires... Tout est possible et tout semble démontrer qu'en médecine rien n'est inoffensif ou dénué de sens.

Mais rien n'est aussi simple qu'on veut parfois le croire ou tenter de le faire croire. De plus le médecin moderne se trouve souvent enfermé à l'intérieur d'un dilemme difficile à gérer :
– d'une part on lui demande de mettre en œuvre une médecine performante mais la plus « économique possible » donc avec le moins d'investigations et de bilans à la clé ;
– d'autre part, il doit s'assurer de l'adéquation et de la sécurité de son traitement. Il est bien entendu responsable des risques à court et à long terme, qu'ils soient mineurs ou plus graves. Comment atteindre cette ou ces exigences en un minimum de temps, de consultations, d'investigations ? Certainement pas en négligeant d'interroger la patiente sur ses antécédents familiaux, son histoire médicale et son histoire tout court. N'oubliez donc pas de préciser à votre médecin si vous

fumez, faites du sport ou n'avez pas d'activité sportive, si vous buvez un peu trop, si vous avez des problèmes hépatiques, des douleurs des seins avant les règles, s'il y a eu, dans votre famille, des maladies gynécologiques ou des cancers. N'oubliez pas d'apporter à votre consultation de « décision d'un traitement hormonal de supplémentation » vos dernières radiographies et échographies du sein, vos dernières analyses et surtout celles précisant vos taux de graisse dans le sang (triglycérides, cholestérol). Tous ces éléments permettront au médecin de prendre une décision éclairée et motivée en un minimum de temps et de dépense.

Mais si vous voulez faire mieux encore alors lisez ce livre jusqu'au bout et **essayez d'abord la supplémentation par les extraits de yam.** Ne négligez ni l'exercice physique, ni l'alimentation. Si alors, vous êtes et restez en forme, sans douleurs et sans bouffées de chaleur, si les examens sanguins et osseux ne montrent aucune anomalie, continuez donc. Si, par contre, vous êtes fatiguée, si vous sentez vos désirs sexuels diminuer, si vous avez des bouffées de chaleur et des douleurs et si les examens (densitométrie, métabolisme lipidique et phosphocalcique) sont mauvais ou s'aggravent, vous pourrez alors et alors seulement tenter d'introduire des doses progressives d'hormones de synthèse en suivant les protocoles habituels.

Dans tous les cas, si vous avez peur des hormones, abstenez vous. J'ai rarement vu un traitement psychologiquement refusé donner les résultats attendus. Quelles que soient vos peurs, les difficultés que peut rencontrer votre médecin à se décider ou à vous décider, sachez qu'il existe au moins trois facteurs qui influenceront de façon extrêmement sensible la dernière partie de votre vie, la perception que vous aurez et que l'on aura de votre âge. Ce sont l'activité physique, l'équilibre nutritionnel et la qualité de la supplémentation hormonale. Si vous pouvez en bénéficier, vous avez toutes vos chances d'optimiser au maximum votre deuxième moitié de vie. Si vous avez une contre-indication majeure qui vous empêche de bénéficier de la supplémentation hormonale, vous pouvez toujours vous intéresser aux deux premiers facteurs !

## Y a-t-il une alternative au standard de la supplémentation hormonale (THS) ?

La réponse est oui ! Notre corps produit trois principales formes d'œstrogènes. Deux formes sont l'œstradiol et l'œstrone. Un troisième type est l'œstriol, moins œstrogénique, et n'augmentant pas les risques de cancer du sein [10]. D'autres études ont montré que l'œstriol ne cause pas d'hyperplasie endométriale, prélude au cancer utérin. Il serait donc possible d'envisager la préparation « magistrale » d'une crème comportant : 10 % œstrone + 10 % œstradiol + 80 % œstriol.

Cette crème « tri-œstrogénique » pourrait aider à faire disparaître très rapidement les symptômes de la ménopause. C'est ainsi que certaines officines américaines se spécialisent dans la préparation de formules hormonales de ce type sur prescription médicale. On peut se demander pourquoi il n'en est pas ainsi dans les officines françaises où les prescriptions magistrales, pour des questions de « cadrage budgétaire », et le remboursement ont presque totalement disparus.

**L'autre alternative, celle de notre choix, est de s'orienter vers l'utilisation de progestérone naturelle.**

On peut dire, sans trop de crainte, que toute femme ayant un utérus intact peut prendre de la progestérone naturelle ou synthétique. La majorité des praticiens prescrivent une progestérone de synthèse type Provera [11] (c'est volontairement que nous avons choisi d'indiquer le nom d'une spécialité étrangère. Notre lecteur comprendra aisément pourquoi) alors qu'il existe une progestérone naturelle qui peut être administrée sous forme orale, de patch ou de crème avec des effets secondaires moindres voire nuls.

**La progestérone naturelle est préparée à partir du mexican yam ou des graines de soja, l'idée maîtresse consistant à reproduire le plus exactement possible une molécule identique à celle sécrétée par les ovaires.**

Il est utile de citer ici les travaux du docteur John Lee (Hopital Sebastopol, Californie, voir les ouvrages cités), qui s'est fait, aux Etats-Unis, le porte-parole le plus attentif et écouté de l'administration de progestérone naturelle.

Dans une étude qui a duré trois ans et qui a porté sur une centaine de femmes postménopausées, âgées de 48 à 83 ans, il a préconisé l'application d'une crème à la progestérone Progest® à la place du classique Provera®.

La plupart de ces femmes possédaient en commun des symptômes de fragilité osseuse, d'ostéoporose et présentaient des fractures. Avec l'administration de Progest® il a constaté qu'il n'y avait pas d'accroissement de ces derniers et que 63 % des patientes ainsi traitées présentaient un accroissement du volume osseux.

La concentration en progestérone du Progest (1,6 %) nous est apparue comme insuffisante ; il est préférable d'établir une formulation renfermant 4-5 voire 6 % de progestérone pour que l'effet soit constant au niveau de la densité osseuse.

**Il est vrai que pour le docteur Lee, le traitement par la progestérone naturelle va plus loin qu'un simple traitement de l'ostéoporose et qu'il constitue une réponse globale, quasi exclusive, concernant l'ensemble des phénomènes ménopausiques.**

Lee reprend ici les conclusions du médecin-pharmacien-biologiste Raymond Peat (Ph. D. de l'université d'Oregon, op. cité) qui avait constaté que c'était l'abaissement du taux de progestérone et non d'œstrogènes qui était responsable de la plupart des symptômes liés à la ménopause.

La détermination précise du « taux utile » de progestérone, de ses conséquences et de ses applications a été établie plus scientifiquement à partir des travaux du pharmacologue James Jamieson [12] des laboratoires Nutraceutics, avec la conception de deux produits originaux dont nous parlerons plus loin : le Wild Yam Serum et la crème Nugest.

Des mesures complémentaires thérapeutiques doivent également être prises, dont le docteur Susan Larck parle dans *The Œstrogene Decision.* Mais il s'agit généralement de mesures connues et classiques que tout médecin devrait revendiquer dans son approche thérapeutique : produits dérivés du soja (noix, lait) et nutriments dont nous développerons la liste dans le chapitre suivant.

D'autres plantes comme la réglisse, la racine de gentiane (sous forme de thé ou de teinture mère [13]), l'*Uva ursi* (diurétique et anti-infectieuse) peuvent rendre de grands services.

La dépression et le stress vont être améliorés par la vitamine B6 (100 mg/jour) sans oublier le zinc, le magnésium et le calcium, de préférence sous forme chélatée, aspartates ou orotates (travaux de Loepper).

1. Par opposition aux glandes dites exocrines. Les glandes endocrines produisent des substances hormonales qui sont métabolisées à l'intérieur de notre organisme et nécessaires à son développement et fonctionnement. Les glandes exocrines sécrètent des substances utilisées par l'organisme pour transformer des substances extérieures à lui-même (enzymes). Certaines glandes comme le pancréas ont à la fois des activités endocrines (insuline) et exocrines (pancréases).

2. Lire les livres : *Mélatonine : faux miracle ou vraie révolution*, Dr Russel Reiter, Jo Robinson, Ed. First, 1995 ; *Le miracle de la mélatonine*, Walter Pierpaoli, William Regelson, Collection Réponses, Robert Laffont, 1995.

3. Composé d'œstrogènes.
4. Que l'on nous pardonne ces américanismes entrés dans le langage courant.
5. Examen permettant de mesurer la densité osseuse et de prévoir un risque de fracture.
6. Examen radiologique des seins.
7. RMO = références médicales obligatoires, sorte de bonne conduite des médecins et/ou des économies de l'assurance maladie.
8. Voir le chapitre : Hormones naturelles et cancers.
9. C'est le rapport du cholestérol total sur le cholestérol HDL qui, indépendamment du taux de cholestérol, donne une « prédiction » du risque d'affection cardio-vasculaire. Ce n'est pas toutefois le seul facteur prédictif.
10. Cette milécule n'est, à notre connaissance, pas utilisée en France.
11. Provera® : spécialité américaine.
12. Dont nous reparlerons plus longement dans un autre chapitre.
13. Ce sont des solutions hydro-alcooliques de plantes.

# Chapitre 2
# Le vieillissement

Selon une définition souvent proposée, le vieillissement est « l'ensemble des modifications dont un organisme est l'objet depuis sa conception, son développement embryonnaire, sa maturation, sa vie adulte jusqu'à sa mort ».

Le fait que la longévité soit spécifique à l'espèce permet de supposer que cette longévité est génétiquement programmée et définie. On a tendance à penser qu'elle se situe, pour l'espèce humaine, aux environs de 120 ans.

On nous parle souvent d'une espérance moyenne de vie qui n'a cessé effectivement d'augmenter avec un avantage très net au profit des femmes. Ne nous présente-t-on pas ces chiffres avec un semblant d'arrière-pensée ? Ce n'est pas impossible quand on sait que cette espérance de vie calculée sur la durée de vie d'une génération est en fait celle de nos parents et grand-parents qui fut sensiblement augmentée par la diminution des infections néonatales due à l'augmentation de l'hygiène et à l'apparition des thérapeutiques anti-infectieuses et antibiotiques...

En sera-t-il de même pour nous et nos enfants ? Ce n'est pas certain lorsque l'on voit réapparaître des anciennes maladies résistantes aux anti-infectieux et des nouvelles pathologies (dues à de nouveaux agents infectieux mais aussi à des modifications de l'environnement) que l'on ne contrôle pas. Sans se gargariser d'optimisme ou de pessimisme il faut prendre conscience que traiter de longévité et d'espérance de vie n'a pas de sens si l'on n'aborde pas également le sujet de la qualité de la vie.

Vivre 120 ans avec de multiples prothèses physiques, médicamenteuses, psychologiques et sociales peut-il être un souhait ou un rêve ? C'est en tout cas un coût ! Les statistiques des assurances maladie savent bien que c'est au cours de sa dernière année de vie que le « vieillard » coûte le plus cher.

La santé ça se mérite, dit-on ! Même si « elle n'a pas de prix », elle a un coût qui n'est pas exclusivement financier, mais également personnel, physique, mental, intellectuel... C'est le fruit d'une attention et d'un respect de nous-même (et probablement des autres !) tout au long de la vie, qui nous feront vieillir au mieux en qualité comme en quantité !

## Les théories sur le vieillissement

Les théories sur le vieillissement sont complexes et encore confuses, mais elles font toutes plus ou moins appel :
– à la génétique et à la lutte contre le stress oxydatif : pas grand-chose à faire, pour l'instant, avec les gènes et les prédispositions parentales, mais pourquoi ne pas nous intéresser à la possibilité (même théorique !) de protéger nos tissus, nos cellules et nos chromosomes par l'administration de nutriments antioxydants (vitamines A , E, C, carotènes, cœnzyme Q10, zinc, sélénium, cystéine...) ? Reste bien entendu, et en dehors de l'impératif économique, entre optimisme fanatique et pessimisme trop rationnel, à préciser les limites, les indications et les doses ;

– à l'alimentation et à la nutrition car le maintien d'un bon équilibre alimentaire associé à une certaine restriction calorique semble augmenter considérablement (du moins chez la souris) l'espérance et la qualité de vie. Il est bien évident que ces données de laboratoire sont difficiles à extrapoler chez l'homme, ce qui ne veut pas dire qu'il ne faut pas tenter de le faire et expérimenter ;

– au vieillissement de notre système immunitaire et en particulier de notre thymus. Cet organe situé dans la poitrine derrière le sternum reste tout au long de notre vie le « passage obligé » des lymphocytes essentiels à nos défenses contre les agents infectieux, les virus, les cellules cancéreuses. Ces lymphocytes jouent également un rôle dans la survenue des maladies auto-immunes comme les rhumatismes inflammatoires, le diabète, les thyroïdites et d'autres. Or le fonctionnement de notre thymus dépend d'une hormone, la thymuline, dont les taux circulants sont en décroissance constante au fur et à mesure que nous vieillissons. La prévention immunitaire du vieillissement passe donc par l'évaluation clinique et biologique de notre système immunitaire. La synthèse et l'utilisation métabolique des « médiateurs hormonaux » dépendent de facteurs nutritionnels comme les acides gras, les vitamines, les protéines, le zinc, le fer, le sélénium et beaucoup d'autres. L'évaluation des taux sanguins (et parfois cellulaires) de ces nutriments, de leur apport alimentaire, de leur nécessité de supplémentation est certainement un gage du maintien de nos fonction immunitaires.

La supplémentation en « hormones de l'immunité » (hormones thymiques) et médiateurs (interférons, interleukines, cytokines...) deviendra-t-elle réalité ? L'expérience thérapeutique actuelle confirme déjà que l'usage de certaines plantes, de certains nutriments ou procédés de stimulation immunitaire module positivement le taux de ces hormones, de ces médiateurs et notre réponse immunitaire. Le maintien d'un bon équilibre hormonal, thyroïdien, surrénalien et sexuel joue également un rôle essentiel. On doit encore citer les capacités de notre moelle osseuse à fabriquer et à rendre matures d'autres sortes de lymphocytes et d'anticorps. Notre moelle, agressée par le stress oxydatif, les carences nutritionnelles et certaines thérapeutiques (chimiothérapie, radiothérapie...) doit être protégée !

Pourquoi ne pas être plus attentif à l'équilibre hormonal et à la protection médullaire des malades traités par chimiothérapie ou radiothérapie ? A l'équilibre endocrinien des malades atteints d'affections auto-immunes ou d'infections au long cours ? Pourquoi ne pas les supplémenter systématiquement et à doses utiles en antioxydants comme la vitamine E, le sélénium ou le coenzyme Q10 [1] dont l'efficacité et l'intérêt, dans ce cadre, ont été largement prouvés [2] ;

– à l'équilibre neuro-endocrinien. L'ensemble de notre système endocrinien avec son chef d'orchestre hypophysaire est étroitement dépendant de notre mode de vie. Nous « consommons et utilisons » nos hormones en fonction de notre dépense physique, intellectuelle ou psychologique, de nos rythmes de vie, de nos besoins, des agressions et de nos formes de réactions et réponses à l'agression. Lorsque nos réserves sont limites nous ne sommes plus en mesure de maintenir aussi facilement nos équilibres physiologiques ni d'assurer des fonctions aussi essentielles que la défense immunitaire, l'harmonie sexuelle, le maintien de la forme, du poids ou de la reproduction.

La thérapie préventive du vieillissement ne devrait-elle pas être en mesure d'évaluer nos équilibres endocriniens et de les réguler, si besoin par la supplémentation nutritionnelle et hormonale ?

C'est dans ce domaine que la consommation de composés extraits du wild yam présente un réel intérêt de par ses effets plus physiologiques et nuancés.

Quels que soient nos désirs d'éternité et nos fantasmes, il faut bien l'avouer : aucun traitement, aucune diététique ou supplémentation ne nous empêchera de mourir. Mais l'on peut scientifiquement agir sur plusieurs éléments dont l'influence sur le vieillissement ne fait pas de doute. Reprenons les principaux facteurs de vieillissement que nous venons d'évoquer.

## Les spécificités génétiques

Comme dans toute histoire de vie, de santé et de maladie, il existe des spécificités génétiques individuelles contre lesquelles nous sommes totalement impuissants. La difficulté consiste à en évaluer la part relative et ne pas les mettre systématiquement, de façon fataliste, au premier plan.

J'ai coutume de dire à certains de mes patients : « La vie est ainsi faite, certains naissent avec une bonne fée penchée sur leur berceau (entendez : de bons gènes), d'autres avec une fée en apparence moins généreuse, ce qui ne veut pas dire que la vie ne sera pas aussi belle ! » Quant au vieillissement, les motivations pour le combattre sont assez nombreuses pour occuper toute une vie !

## Les facteurs environnementaux

Les facteurs d'environnement, mode de vie, mode d'alimentation, etc. apportent à notre organisme des éléments protecteurs comme, par exemple, les vitamines antioxydantes. Mais c'est dès la jeunesse qu'il faut se poser la question de l'équilibre nutritionnel et de son influence sur le vieillissement. Certains enfants, même très jeunes, présentent de véritables signes de vieillissement précoce : la peau sèche, l'attitude, voire le caractère. On trouve de « vieux » enfants !

Il n'y a pas d'âge trop précoce pour s'intéresser au « moins mal vieillir » et surtout considérer que certains signes ou symptômes de notre quotidien peuvent déjà, indépendamment de toute maladie, annoncer un déséquilibre organique se rapportant au seul vieillissement.

Combien d'enfants ou d'adultes jeunes du fait d'un déséquilibre nutritionnel sont-ils dans ce cas ? Certainement beaucoup plus que l'on ne pense ! Quels sont les facteurs en cause ? Ils sont multiples, mais on peut retenir :

**Les déficiences nutritionnelles** permanentes ou épisodiques qui, contrairement aux idées couramment admises, existent, même dans nos pays « surnourris et malnourris ». Qu'elles soient de fer, de zinc, de sélénium, de vitamine B1, B6, C, E ou de folates, d'huiles ou de protéines, qu'elles apparaissent à l'adolescence, persistent et s'aggravent du fait de longues études scolaires, de pratiques sportives intensives ou de grossesses répétées, ces déficiences influencent le métabolisme de nos organes, de notre système immunitaire et de nos glandes endocrines donc de notre équilibre hormonal.

Avant tout, mangeons varié et équilibré : de tout un peu, un peu de tout, ni trop, ni trop peu, pas trop de viandes ou de fromages (graisses animales), mais pas de régimes exclusivement végétariens et surtout ne privilégions pas une seule catégorie d'aliments, qu'il s'agisse d'eau, d'huiles, de riz complet ou de légumes.

Au-delà du seul équilibre nutritionnel on s'interroge actuellement sur l'efficacité préventive et l'indication de supplémentations supranutritionnelles en quantités plus élevées de vitamines et de minéraux antioxydants comme, par exemple, la vitamine E ou le sélénium.

La pratique et l'expérience de la supplémentation nutritionnelle légitiment, dans de nombreuses situations de prévention, du moins pour les vitamines et suppléments sans risque majeur, des apports très largement supérieurs aux apports alimentaires.

A titre d'exemple il vient d'être démontré [3] que la prise quotidienne d'une dose de vitamine E allant de 400 à 800 UI, soit plus de dix fois l'apport quotidien conseillé, avait des vertus protectrices significatives sur le système cardio-vasculaire. Pourquoi s'en priver, puisqu'en l'état actuel des connaissances cette supplémentation semble totalement sans risque [4] ?

**Certains facteurs d'environnement** comme une trop forte consommation d'alcool, le tabac, le stress (ou les trois à la fois) modifient notre absorption, notre métabolisme et surtout notre besoin en nutriments essentiels. En ce sens ces facteurs négatifs et bien d'autres liés à la pollution de l'air, de l'eau et de l'alimentation sont probablement des « promoteurs de vieillesse ».

**Tenter de prévenir des déficiences même légères ou épisodiques en nutriments essentiels est certainement un des facteurs primordiaux de prévention, non seulement du vieillissement mais plus généralement de la maladie.** Car nos sécrétions hormonales sont, elles-mêmes, dépendantes de nutriments comme le fer, le zinc, le sélénium, les acides gras, les acides aminés et la plupart des vitamines.

**Il est donc admis qu'une bonne diététique et mieux encore un apport nutritionnel optimisé en fonction de notre individualité génétique et biochimique doivent permettre d'améliorer le fonctionnement et les réponses de notre système glandulaire endocrinien.**

## Le stress oxydatif

La prévention et le traitement du « stress oxydatif » passent également par l'équilibre diététique et, si besoin, la supplémentation nutritionnelle.

Qu'est-ce que le stress oxydatif [5] ? C'est la conséquence du fait que nous vivons et respirons grâce à l'oxygène et que nous utilisons certains dérivés de cet oxygène pour notre équilibre et nos défenses anti-infectieuses. Nos cellules génèrent, pour ce faire, des dérivés oxydants et toxiques à l'encontre des bactéries et des virus qui, s'ils ne sont pas régulés en qualité et quantité, peuvent induire diverses maladies, de l'allergie au rhumatisme inflammatoire jusqu'au cancer ou des affections dégénératives graves et chroniques.

C'est pourquoi, sans attendre l'apparition de ces maladies dont le traitement et la supplémentation doivent être

l'apanage du médecin et plus encore du médecin nutritionniste rompu à ces disciplines [6], il serait préférable, tout au long de notre vie, de s'assurer de nos apports nutritionnels en antioxydants et, le cas échéant (en situations de stress, de fatigue, d'exposition à des toxiques comme la tabac, l'alcool et la pollution), de nous supplémenter :
– en vitamines B, C, E, carotènes et flavonoïdes,
– en minéraux comme le zinc, le manganèse, le cuivre et le sélénium,
– en certains acides aminés comme la méthionine, ou la N-acétyl-cystéine,
– en précurseurs hormonaux,
– en d'autres facteurs, tel un entretien musculaire *a minima* par un exercice physique régulier, à condition que cet exercice soit adapté à l'âge, ininterrompu, ou repris très progressivement, sous surveillance médicale après la quarantaine.

## Les facteurs hormonaux

Mais le vieillissement c'est aussi, et surtout, une histoire d'hormone !

L'observation attentive de nombreux dossiers de patients nous permet de l'affirmer et nous ne sommes pas les seuls à penser qu'une surveillance attentive et une éventuelle supplémentation en fonction des résultats de cette surveillance (tant clinique que biologique) permettraient de ralentir le vieillissement.

Même si les facteurs liés au terrain génétique, à la nutrition et à l'exercice doivent passer au premier plan, ils ne sont plus suffisants lorsque les premiers signes et symptômes apparaissent. Et c'est normal, car la décroissance de nos sécrétions hormonales peut commencer, chez certains, de façon très précoce.

– **Décroissance de la sécrétion des hormones surrénaliennes** (la fameuse cortisone et de façon plus médicale tous les stéroïdes, la DHEA, la prégnénolone – voir le chapitre qui lui est consacré). L'accélération des modes de vie, qui semble spécifique de nos sociétés modernes, sollicite nos surrénales et nous fait intensément et répétitivement sécréter ces stéroïdes (la bouffée d'adrénaline en cas de peur, de colère, de réaction d'agressivité ou de fuite [7]).

– **Décroissance, pour raisons identiques, des hormones hypophysaires et hypothalamiques** car l'hypophyse et l'hypothalamus, chefs d'orchestre de la sécrétion hormonale, vont tenter de compenser les faiblesses des autres glandes endocrines.

– **Décroissance de la sécrétion des hormones thyroïdiennes** pour les mêmes raisons auxquelles vont venir fréquemment s'ajouter des causes infectieuses virales. Chez bon nombre de sujets la sécrétion thyroïdienne va être ralentie et parfois précocement arrêtée.

– **Décroissance des sécrétions hormonales sexuelles.** Chez la femme, la contraception ou l'infection peuvent être en cause. Chez l'homme ce sera l'infection mais également le mode de vie, le stress et la fatigue.

– **Décroissance des hormones liées à l'immunité** comme la thymuline, cette hormone sécrétée par notre thymus et qui joue un rôle dans la maturation de nos lymphocytes impliqués dans la défense contre certaines bactéries, certains virus et même contre les cellules cancéreuses.

– **Décroissance de la sécrétion de la mélatonine** (par la glande pinéale) qui joue probablement un rôle dans l'altération de notre sommeil avec l'âge mais aussi dans notre immunité (activité antioxydante ?).

## Tests pour connaître son âge biologique

Dans son livre *Un régime de longue vie* [8], Roy Walford décrit des tests que nous avons eu souvent l'occasion d'utiliser en consultation médicale, nutritionnelle ou sportive :

– **Le test de perte de l'élasticité cutanée** reflète la détériora-

tion du tissu conjonctif sous-cutané en rapport avec la formation des rides. C'est vers l'âge de quarante-cinq ans qu'elle se manifeste mais des variations supérieures de plus ou moins 10 % ne sont pas exceptionnelles.
Pour réaliser ce test, il suffit de pincer la peau du dos de votre main, entre le pouce et l'index, et mesurer le temps que met le pli à disparaître. Il doit être :

– inférieur à 5 secondes pour un âge fonctionnel de 45/50 ans,
– de 10 à 15 secondes vers 60 ans,
– de 35 à 60 secondes au-delà de 70 ans.

**– Le test de la règle graduée** mesure votre capacité de réaction à un stimulus extérieur. Il est essentiel car d'elle peut dépendre votre capacité de « survie en situation d'agression ou d'accident » que l'âge tend à favoriser.
Pour le réaliser, demandez à un aide de tenir verticalement, par son extrémité supérieure, une règle plate en bois de 50 cm de long. Placez le pouce et le majeur, écartés l'un de l'autre de 8 à 10 cm, à égale distance de la graduation 50 de la règle. Demandez à votre aide de lâcher sans prévenir et dès qu'il le fait essayez de vous saisir de la règle. Le score est donné par la graduation où vous êtes arrivé à arrêter la règle. Faites trois mesures et prenez la moyenne de ces trois mesures : il est de 28/30 vers l'âge de 20 ans pour arriver aux environs de 15 à l'âge (fonctionnel) de 60 ans.

**– Le test de l'équilibre statique** explore bien l'état du système nerveux central et périphérique. L'épreuve doit être effectuée pieds nus ou avec des chaussons à talons plats, sur la jambe gauche si vous êtes droitier, sur la droite si vous êtes gaucher. Sur un plan dur (pas de tapis ni moquette), joignez les deux pieds, fermez les yeux et levez un pied à environ 15 cm du sol, en pliant le genou à 45°. Vous essayez alors de vous maintenir sur l'autre pied, sans le bouger et en gardant les yeux fermés. Demandez à une tierce personne de chronométrer combien de temps vous pouvez rester ainsi. Faites le test trois fois et prenez le chiffre moyen :

– A 20-25 ans d'âge fonctionnel vous devez pouvoir rester plus de trente secondes.

– A quarante ans, cette durée moyenne n'est plus que de quinze secondes.

– A 65-70 ans, elle chute aux environs de cinq secondes.

– **Le test de l'accommodation visuelle** étudie la capacité d'adaptation du cristallin. Ce test peut être utilisé et interprété indépendamment de votre type de vision car ce n'est pas la netteté de vision (astigmatisme) que l'on observe mais la modification dynamique de la vision en fonction de la distance. Vous le ferez sans lunettes ou avec des verres corrigés pour la vision éloignée. Prenez une page de journal et approchez-la régulièrement de vos yeux. Vous devez noter à quelle distance les caractères se brouillent.

A vingt ans, on peut approcher la page jusqu'à 10 cm des yeux sans que les caractères se brouillent. Les distances sont respectivement de 14 cm à trente ans, de 23 cm à quarante ans, de 38 cm à cinquante ans et de un mètre à soixante ans et plus.

– **La mesure de la capacité vitale** est aujourd'hui très facile à réaliser au moyen de spiromètres (ou débitmètres de pointe) que l'on peut trouver dans le commerce. Chacun devrait commencer à la mesurer le plus jeune possible afin de connaître ses valeurs de référence. Le test consiste à mesurer la quantité d'air rejeté après avoir fait une inspiration profonde et va explorer à la fois le bon fonctionnement de l'appareil respiratoire (muscles, bronches, tissu pulmonaire) et celui de la commande du système nerveux central. De plus, ce qui est absolument capital, ce test n'est pas influencé par l'entraînement physique.

A 30 ans et au-dessous la CV devrait presque atteindre les cinq litres. A quarante ans, elle doit se situer entre quatre et cinq litres. Elle n'est plus, en moyenne, qu'entre trois et quatre litres à 50 ans, de trois litres à 60 ans et au-dessous de trois litres à 70 ans et au-delà.

Au cours de l'étude de Framingham (Massachussets), qui porta sur une grande partie de la population de la ville, la capacité vitale a constitué un des éléments les plus fiables de prédiction en matière de survie ultérieure : les individus dont la CV était diminuée par rapport aux chiffres de référence ont vécu moins longtemps.

– **Le test de Ruffier** peut être aisément réalisé par une personne un peu entraînée. Il est souvent utilisé par les médecins dans le cadre de consultations d'aptitude à l'exercice physique car il explore l'adaptation cardio-vasculaire à l'effort. Il a cependant le double inconvénient d'être influencé par l'entraînement physique et de présenter un risque (faible) chez les personnes les plus âgées ou fragiles pour lesquelles on diminuera l'intensité de l'effort demandé.

Prenez votre pouls au repos pendant quinze secondes et notez-le. Puis effectuez trente flexions complètes en 45 à 60 secondes, et notez le pouls (mesuré sur 15 secondes) dès l'arrêt de l'exercice et encore une fois (toujours sur quinze secondes) une minute après la fin de l'exercice. Vous multipliez les trois chiffres notés par 4 et vous obtenez donc trois valeurs : P0, P1 et P2. L'indice de Ruffier est donné par la formule :

$$\frac{(P0 + P1 + P2) - 200}{10}$$

Il doit être inférieur à 3 chez des sujets en très bonne forme, entre 5 et 10 chez les sujets en forme, entre 10 et 15 pour une forme moyenne. De plus, le pouls en fin d'exercice ne devrait pas dépasser 150 pulsations/minute et la récupération après une minute doit être supérieure à 70 %. Les sujets ayant un indice supérieur à 15 sont à surveiller : ces derniers peuvent être fatigués et sédentaires. Chez les personnes âgées ou peu entraînées, on pourra se contenter de 20 flexions en quarante secondes, en gardant toujours le même protocole pour des mesures ultérieures.

**L'évolution de son poids pour connaître son âge**

Indépendamment de votre poids de jeunesse, de vos maladies, votre poids actuel ne devrait pas être supérieur à votre poids à l'âge de 20 ans auquel vous ajouterez :

– 1 kilo par dix années d'âge, pour les hommes,
– 1 à 2 kilos par dix années d'âge pour les femmes.

Sachez également que faire le « yo-yo » (c'est-à-dire alterner les phases d'amaigrissement et de reprise du poids) raccourcit l'espérance de vie. Plus la répartition de votre graisse est de type androïde (répartition en haut du corps et abdominale haute), plus le risque cardio-vasculaire est important (contrairement à la répartition gynoïde : partie abdominale basse et cuisse).

La pratique et l'expérience ont montré que l'ensemble de vos résultats peuvent être grandement améliorés par la supplémentation nutritionnelle et hormonale.

Le mauvais vieillissement n'est donc pas une fatalité ! Encore faut-il s'y prendre suffisamment tôt, et avec les moyens les plus simples, les plus sûrs et les plus efficaces.

## Symptômes et petites histoires de faux vieillissement

Il y a toutes ces histoires qui jalonnent nos consultations, histoires de « peurs du mal vieillir » plutôt qu'histoires de vieillissement.

« Docteur ? je prends du poids, je m'empâte, regardez mon ventre !

– Ah ! ma mémoire, Docteur, si vous saviez !

– Regardez ma peau, comme elle ride, se dessèche et se couvre

de… au fait comment appelle-t-on ces tâches ? Ah, oui, des fleurs de cimetières ?
– Vous avez vu mes plis et mes « poignées d'amour », j'ai l'air de quoi ?
– Je ne dors plus comme quand j'étais jeune, et quelle fatigue au réveil !
– Je n'entends plus, ne vois plus, ne... plus ! »

Tous ces maux ne sont certes pas dûs au seul vieillissement. Le problème consiste, devant des plaintes de ce type à tenter de définir des normes correspondant à l'âge fonctionnel tel que l'examen et les tests permettent de l'évaluer. Il me semble qu'en l'état actuel des recherches, il faut se contenter de notions très simples.

**– Répartir la durée de vie en trois grandes étapes :**
Autour de 20/30 ans, puis de 20/30 à 40/50, enfin de 40/50 à 60/70 et au-delà. A partir de ce postulat on tentera de maintenir le plus longtemps possible les paramètres dits « de moyenne de milieu de vie », c'est-à-dire les paramètres des sujets considérés « en forme », à l'intérieur de la tranche d'âge 20 à 50 ans. Ces paramètres sont cliniques et sportifs parfois biologiques, c'est-à-dire nutritionnels et hormonaux. C'est pour cette raison que le patient lui-même, ne connaissant que les normes ou les « fourchettes » données par les laboratoires (qui ne tiennent pas compte des tranches d'âge), ne peut pas interpréter ses résultats. Ces « fourchettes » doivent éventuellement être corrigées et adaptées par un médecin expérimenté possédant dans sa mémoire (cérébrale ou informatique) les données statistiques correspondant aux sujets dits « en bonne santé » de la tranche d'âge étudiée.

– Savoir que **la spécificité génétique** et donc **l'individualité biochimique et hormonale** définissent un « capital forme et santé » ou « capital jeunesse » qui, de toutes façons, s'altérera de façon très variable. Cette altération dépendra des interférences et relations entre notre « capital santé » et **notre environnement personnel donc notre mode de vie :** alimentation, pollution, niveaux de stress et de satisfactions, infections… et peut-être la rencontre avec certains thérapeutes.

**Vieillir, c'est avant tout perdre ses capacités**
– de perception (auditive, visuelle, gustative, intellectuelle...) ;
– de réflexes et de réponses adaptées aux affects (émotions), aux infections, aux variations climatiques, aux changements de temps, de situation ;
– de tolérance à la fatigue et surtout de récupération. On peut considérer que la difficulté grandissante à récupérer d'une nuit blanche ou d'un coucher tardif est bien un signe de vieillissement qui dénote un déséquilibre nutritionnel et hormonal (baisse de l'hormone de croissance, DHEA, hormones sexuelles et mélatonine) ;
– de reproduction, chez la femme qui, du fait d'une diminution progressive de son niveau hormonal, va avoir des cycles anovulatoires ou des troubles de la muqueuse utérine ; chez l'homme qui, du fait de la baisse de la testostéronémie, va avoir une moins bonne qualité de sperme ;
– d'intégration sans effort de nouvelles données liées à l'exercice professionnel, à la société, altération des facultés de compréhension, de mémorisation de faits récents.

Mais c'est aussi et paradoxalement l'évolution vers deux pôles en apparence contradictoires et souvent alternés :
– devenir plus fragile physiquement et émotionnellement, devenir plus dépendant(e) des autres, de l'affection, de la sécurité, de la protection ;
– se scléroser, se durcir, devenir plus coléreux, plus vindicatif et agressif à propos de causes souvent futiles. C'est l'évolution vers le tempérament dit « soupe au lait ».

On peut remarquer nombre de signes bien visibles :
– Au niveau de la peau : elle devient plus sèche, plus fine,

déshydratée, plus ridée. Les plis cutanés mesurés à des points bien précis sont plus importants. Les rides apparaissent et particulièrement autour de la bouche, les joues tombent, les cernes autour des yeux s'accentuent ;

– L'audition se dégrade : on devient « dur de la feuille » ;

– La vue s'altère : le cristallin perd de son élasticité et entraîne des difficultés d'accommodation ; on note une évolution progressive vers la cataracte ;

– Les cheveux et les ongles deviennent de plus en plus fragiles ;

– Au niveau des vaisseaux sanguins on perçoit des signes d'athérosclérose, d'insuffisance veineuse avec sensation de jambes lourdes et veines et capillaires apparents.

**Psychiquement et émotionnellement :**

– L'intolérance aux changements s'accroît et les lendemains font de plus en plus peur ;

– Vieillir c'est devoir de plus en plus « faire attention » à l'espace, au temps, à tout ;

– Avoir de plus en plus besoin de nutriments et de médicaments et dépenser de plus en plus pour sa santé.

Les tests, mesures et indices sont nombreux et imparfaits. Nous en avons choisi quelques-uns que nous utilisons dans notre pratique depuis quelques années pour sensibiliser à la nécessité d'une prise en charge et prévention précoce.

Ces tests ont également une fonction pédagogique et peuvent servir :

– A préciser les besoins en nutriments (vitamines, minéraux, antioxydant, protéines, acides gras, etc.) ;

– A déterminer le bon moment pour proposer une supplémentation nutritionnelle et hormonale chez l'homme comme chez la femme. Ce moment est choisi en fonction des critères spécifiques et de réponses individuelles aux tests.

Rappelons que l'objectif n'est pas de « doper » mais d'optimiser notre état clinique et biologique, chacun en fonction de sa tranche d'âge ;

– A suivre et évaluer les effets des programmes de nutrition et de supplémentation nutritionnelle et hormonale ;
– A fournir à chacun des éléments et critères lui permettant de se prendre en charge.

## A quel âge commencer la « prévention de l'âge » ?

Peut-être à la naissance ou dès la grossesse car la santé de nos parents ainsi que la santé de notre petite enfance, tant sur le plan physique que psychologique, créent des traces et des tendances souvent indélébiles. Il serait bon que nous puissions, tout au long de notre vie, adopter pour nous-mêmes et nos proches une attitude « orthomoléculaire » ou de « **prévention active** ».

Que voulons-nous dire exactement ? C'est très simple : surveiller et réviser notre organisme tout au long de notre vie au moins aussi bien que nous surveillons et révisons notre voiture. C'est ainsi que nous **optimiserons notre santé**, réalisant un maximum d'économies pour nous-mêmes et la collectivité, en conservant le plus longtemps possible les capacités de notre jeunesse.

En doutez-vous ? Posez-vous les questions suivantes : Suis-je vraiment « en forme » ? L'ai-je été durant mon enfance ? Si ce n'est pas le cas, si j'ai subi trop de reproches du genre : « Secoue-toi, mais qu'est-ce que tu as donc dans la tête ? Mais quel mauvais caractère, ou quelle lavasse ! », ce n'est peut-être pas que je suis définitivement plus bête ou paresseux, mais que je suis déficient. En quoi ? Mais en nutriments, bien entendu, en vitamines, en acides aminés, en oligo-éléments ou en hormones... Oh certes, je ne suis ni anormal ni malade et le médecin ne s'est pas trompé en me déclarant « bon pour le service ». Il s'agit seulement de toutes petites déficiences qui ont empoisonné toute ma vie !

Un de mes patients me déclarait récemment : « Je n'ai pas le souvenir d'avoir été jamais heureux. »

– Pourquoi, lui demandais-je ?
– Parce que j'ai toujours fait de la métaphysique… même lorsque j'étais nourrisson ! »

Eh bien me croirez-vous ? Depuis que ce garçon a rééquilibré son statut hormonal par le biais d'une supplémentation nutritionnelle et hormonale et normalisé ses bilans biologiques, il ne fait plus de métaphysique et se sent beaucoup mieux dans sa peau.

Ne connaissez-vous pas des hommes trop féminins et des femmes trop masculines ? Cela s'arrange vous savez... si vous en avez envie.

Ne connaissez-vous pas des jeunes vieux, tant au plan musculaire qu'intellectuel ? Ça s'arrange aussi. Comment ?

– Des bilans et des tests ;
– Une alimentation équilibrée et non pléthorique avec une densité nutritionnelle [9] correcte ;
– Une vie équilibrée et répartie autour des trois pôles : professionnel, personnel, sommeil avec le maximum de passions et d'enthousiasmes, de l'enfance réalisée à l'âge adulte ;
– Un maintien de son corps et de son cerveau au moyen d'un entraînement régulier, deux à trois fois par semaine, sous la conduite d'un kinésithérapeute, d'un professeur d'éducation physique, de musculation ou d'un bon entraîneur sportif ;
– Une supplémentation précoce et même très précoce, si vous êtes actif et stressé, en polyvitamines, multiminéraux, protéines, acides gras ou autres nutriments, une supplémentation plus spécifique et personnalisée dès que vous franchissez la quarantaine, une supplémentation individualisée à la suite de consultations et bilans d'équilibre nutritionnel (potassium, calcium, sélénium, zinc, vitamines A, carotènes, E, C, B, acides aminés dans les urines, évaluations du stress oxydatif, etc.), une supplémentation par précurseurs hormonaux naturels qui peut et pourrait être débutée dès les premiers signes et symptômes de vieillissement.

Ah ! Mais cela est peut-être dangereux ? Pourquoi ? Parce que certains ont peur, ont peur de changer, même et surtout au risque de faire mieux. Pourquoi voudriez-vous qu'évaluer un équilibre (nutritionnel ou hormonal), le rétablir **en respectant les normes physiologiques** d'un individu bien portant et en possession de tous ses moyens présente un danger ? Car c'est bien de cela qu'il s'agit, de cela et de rien d'autre ! Les apeurés et sceptiques sont-ils déficitaires eux-mêmes ou en hormones, vitamines, en confiance en eux-même et en la vie ? Est-ce une raison pour les suivre ? Peut-on profiter de la complexité de la question pour refuser d'en débattre et plus encore tenter de la mettre en pratique ? C'est le même argument qui conduit quatre-vingts pour cent des femmes françaises, à l'âge de la ménopause, à refuser la supplémentation hormonale ou l'arrêter dès la fin des bouffées de chaleur : la peur. Le même argument qui tente les législateurs de différents pays (dont la France) de limiter exagérément les doses admises dans les complexes nutritionnels à la disposition du public.

La peur, toujours la peur ! On s'effraye des vaches folles mais on ne se préoccupe pas des métaux toxiques introduits dans nos organismes par certains poissons et nos vieux amalgames dentaires... ni des pesticides et herbicides, ni des pollutions bactériennes et hormonales (celles-ci ne sont ni naturelles ni calculées pour nous être bénéfiques [10]).

Certes, il n'est pas question de faire n'importe quoi, n'importe comment ! Constatons, au passage, que les industriels et les femmes se posent moins de questions quant à l'absence de nocivité de la pilule anticonceptionnelle [11], et pourtant ?

La plupart des nutriments disponibles dans les magasins spécialisés et les pharmacies[12] sont totalement sans danger aux doses que l'on peut trouver à moins d'être fanatique ou maniaque. Ils sont beaucoup moins dangereux que l'aspirine, d'autres antalgiques ou antitussifs en vente libre pour lesquels les pharmaciens de garde se font régulièrement attaquer.

On s'étonne de la vente des *smart drinks*, c'est-à-dire des boissons survitaminées dans les soirées branchées ! Préfère-t-on la consommation d'alcool ou de drogue ?

On s'effraye des risques de surconsommation, de surdosages vitaminiques, mais on ne se préoccupe pas des risques de déficience et même de carence qui sont souvent bien réels :

Toutes les grandes études épidémiologiques en France nous mettent en garde contre le déséquilibre nutritionnel qui représente un risque majeur de vieillissement précoce et accéléré et concluent à l'existence d'un nombre important de déficiences variables selon l'âge, le sexe, les conditions de vie et de régime. Ce sont :

– L'étude ESVITAF, « Enquête sur le statut vitaminique de trois groupes d'adultes français », publiée par A. Lemoine en 1986, *Ann. Nutr. Métab. 30* ;
– L'étude de J. C. Guilland, « Evaluation de l'apport alimentaire vitaminique en Bourgogne », *Ann. Nutr. Métab. 30*, 21-46 ;
– L'étude de Hercberg, « Consommation alimentaire d'un échantillon représentatif de la population du Val-de-Marne », *Rev. Epidém. Santé publique*, 1991.

Les déficiences ou « subcarences » retrouvées dans ces études concernent tous les âges et les sexes à l'intérieur de fourchettes allant de 20 à 100 % de déficit, en fonction des tranches d'âge et des classes de nutriments étudiées. Un exemple tiré de l'« Enquête Val-de-Marne » : 100 % des adultes, hommes ou femmes, de 18 à plus de 50 ans sont déficitaires en vitamine E. Or on connaît (étude Monica) la corrélation entre déficit en vitamine E et accroissement du risque cardio-vasculaire.

Sur douze populations européennes ayant un taux de cholestérol normal on ne trouve pas de corrélation positive entre mortalité cardio-vasculaire, cholestérol et tension artérielle mais par contre on arrive à prédire cette mortalité en fonction des taux sanguins de vitamine E.

En serait-il de même avec les hormones ? On laisse la population française continuer à garder la tête du peloton de la consommation mondiale d'antidépresseurs sans se préoccuper de savoir si l'optimisation nutritionnelle et hormonale n'aurait pas des effets bien plus performants sur nos états d'âme, d'hypersensibilité, de fatigabilité physique et psychologique et de dépression que bon nombre de médicaments neurotropes aux effets secondaires parfois imprévus et dangereux [13]. Or c'est bien le résultat que l'on obtient chez les trop rares personnes ayant eu la chance d'expérimenter ces supplémentations.

Alors, comme le dit si bien le docteur Gabriel Simonoff [14] : « Malgré toutes ces objections, il est clair que la présente décennie nous fait entrer dans une ère nouvelle. Dorénavant le terme même de rajeunissement ne renvoie plus à un rêve insensé ou à un désir utopique, mais à un espoir sérieux, solidement établi sur une démarche et des résultats scientifiques. »

C'est bien là ce à quoi nous tentons de vous inviter à travers cet ouvrage : briser raisonnablement les peurs et tenter l'expérience de la supplémentation globale grâce aux nutriments et aux hormones naturelles végétales.

1. Sur le coenzyme Q10, lire, en anglais, *The Miracle Nutrient Coenzyme Q10* de Bliznakov et Hunt, Bantam Book, 1986.

2. Ces antioxydants, vitamine E entre autres, furent préconisés par le cancérologue Lucien Israel afin de protéger le cœur soumis à des irradiations dans le cadre du traitement d'un cancer thoracique.

3. Etude CHAOS (Cambridge Heart Antioxydant Study).

4. A condition de s'assurer que le sujet ne consomme pas de médications anticoagulantes que les supplémentations pourrait renforcer.

5. Lire à ce propos : *Antioxydants*, Dr Dominique Rueff, Collection « Suppléments Nutritionnels », Editions S. Nature, rue de la galère, 72000 Le Mans ; *Les radicaux libres voleurs de jeunesse et de vitalité*, Paule Daudier, Editions Jouvence.

6. Nous animons une association d'enseignement et de formation à l'intention des médecins mais aussi de l'ensemble des personnels médicaux intéressés par ces questions. L'ADNO, BP 143, 06223 Vallauris cedex. Tél : 04 93 43 44 62, fax : 04 93 43 07 61.

7. Nul mieux que le professeur Henri Laborit n'a décrit ces phénomènes, notamment dans son célèbre *Eloge de la Fuite*, Editions Robert Laffont, 1976.

8. Roy Walford, *Un régime de longue vie*, Editions Robert Laffont, 1987.

9. Consulter *Forme et Santé*, Dr Rueff, Editions du Rocher, *La Bible des vitamines et des Suppléments Nutritionnels*, Dr Rueff, Editions Albin Michel et *Un Régime de Longue Vie* de Roy Walford aux Editions Robert Laffont.

10. Lire *Des poubelles dans nos assiettes* de Fabien Perucca et Gérard Pouradier aux Editions Michel Lafon, 1996.

11. Lire *Amère Pilule*, op. cité.

12. Exception pour les vitamines A et D.

13. Comme les « dépersonnalisations » que l'on découvre chez certains consommateurs d'un antidépresseur bien trop médiatisé.

14. Dans *La Nouvelle Eternité, bien vivre à 120 ans*, de Gabriel Simonoff, Ed. Grasset.

# Chapitre 3
# La prévention des principaux symptômes liés au vieillissement

Nous ne le dirons jamais assez : la prévention est l'affaire de toute une vie, elle devrait commencer sinon dès la naissance au moins dès la trentaine ou dès que l'individu ressent que la santé n'est pas un don éternel et qu'il faut agir sans trop tarder.

## L'ostéoporose

L'ostéoporose a de lourdes conséquences socio-économiques en France où l'on recense chaque année : 70 000 tassements vertébraux, 35 000 fractures du poignet, 55 000 fractures de l'extrémité supérieure du fémur.

Qu'est-ce que l'ostéoporose ? C'est l'une des complications majeures de la ménopause et plus généralement du vieillissement. On note une diminution progressive et généralisée de la masse osseuse par augmentation de la résorption. L'ostéoporose est beaucoup moins fréquente chez l'homme que chez la femme dont un grand nombre est menacé très tôt après la ménopause.

Ses causes sont multiples : sensibilité héréditaire à la sécrétion endogène d'hormone parathyroïdienne, malabsorption intestinale du calcium, ménopause précoce naturelle ou chirurgicale, sédentarité, alcoolo-tabagisme, corticothérapies thérapeutiques au long cours, maigreurs « naturelles » ou aggravées par des régimes carencés, des traitements, de l'anorexie.

Son risque majeur consiste en fractures vertébrales par tassements, fractures souvent spontanées au niveau de la huitième dorsale. Les personnes plus âgées font des fractures du col du fémur. Plus précocement, de nombreuses douleurs osseuses à types de dorsalgies ou de lombalgies peuvent être en relation avec une ostéoporose débutante. Elles sont d'ailleurs souvent confondues avec des douleurs d'arthrose banale avec lesquelles elles peuvent ne pas coexister.

La prévention non hormonale de l'ostéoporose comprend tout d'abord l'identification des sujets à risque (hérédité, habitudes alimentaires), la prescription d'exercices physiques car il est démontré que l'exercice est bénéfique à tout âge pour la prévention de l'ostéoporose, et la mise en œuvre le plus précocement possible de mesures diététiques et de supplémentations nutritionnelles.

C'est du début de la puberté à la fin de l'adolescence, c'est-à-dire en moins de dix ans, que la masse osseuse connaît sa croissance la plus rapide et que le squelette acquiert la moitié de son capital. Selon le docteur Paul Sachet, directeur du Centre de recherche et d'information nutritionnelles (CERIN) : « Il s'agit d'un rendez-vous en grande partie irrévocable. »

Plus tard, il semblerait que le maintien, tout au long de l'existence, d'un apport calcique minimal évalué à 1 g par jour soit un des meilleurs moyens, non plus d'acquérir de l'os, mais de prévenir sa déminéralisation. Cet apport doit d'ailleurs être augmenté au cours de certaines circonstances de la vie : croissance, grossesse, surmenage, récupération post-infectieuse ou chirurgicale.

Les diététiciens recommandent donc une alimentation comprenant un apport régulier de produits laitiers : beurre, fromages, laitages, yaourts. Lorsque certaines pathologies ou certains régimes imposent des restrictions quant à ces produits (qui, malheureusement, apportent aussi des graisses en excès), on pourra consommer des amandes, plus généralement des légumes secs et du soja, des eaux minérales (Hépar) et, mieux encore, envisager une supplémentation nutritionnelle précoce.

C'est le rôle d'une véritable prévention nutritionnelle ou d'une approche nutritionnelle orthomoléculaire que de proposer à chacun, en fonction de son mode de vie, son mode d'alimentation et son individualité génétique et biologique, un programme efficace de prévention permettant de retarder ou d'atténuer la maladie et d'éviter le recours aux traitements médicamenteux qui ne sont pas toujours sans inconvénients.

Les bases scientifiques d'une supplémentation nutritionnelle préventive de cette maladie s'inspirent de travaux récents sur la biochimie de l'os menés aux Etats-Unis par Glimcher, au Boston Hospital, qui confirment qu'une supplémentation devrait toujours être multifactorielle et équilibrée.

Glimcher par ses travaux sur la structuration biochimique de l'os et notamment sur le métabolisme minéral des protéoglycanes confirme que des minéraux comme le zinc, le silicium, le cuivre et le manganèse sont d'une importance capitale mais malheureusement encore méconnue d'un grand nombre de médecins.

La supplémentation nutritionnelle préventive et adjuvante introduit donc systématiquement :

– **La vitamine C** sous forme de complexes à action prolongée avec bioflavonoïdes à 1 000 ou 1 500 mg au milieu du petit déjeuner et du dîner, qui, avec le silicium, stimulent la formation du collagène [1]. Dans certains cas on peut remplacer ces formes dites « à action prolongée » par des boissons (Volvic, Roucous, Hepar...) dans lesquelles on aura dissous de l'acide ascorbique ou mieux des ascorbates de calcium combinés avec des sels de magnésium et des flavonoïdes naturels.

– **Le calcium** sous forme d'ascorbate (vitamine C), de minéraux chélatés (calcium chélaté) ou d'autres sels optimisant son absorption. Le calcium représente 99 % de la masse osseuse et il est capital que de l'enfance à la ménopause la ration quotidienne ne soit pas inférieure à 1 000 mg. Cette ration devrait être augmentée à 1 500 mg en cas d'existence d'autres facteurs de risque comme la sédentarité, le tabagisme, l'excès de consommation d'alcool, ou la maigreur. Au plan strictement diététique, il faut veiller à ce que des apports excessifs en fromages ne conduisent pas à des apports excessifs en graisses. Si ces dernières sont contre-indiquées du fait d'un terrain favorable à la maladie cardio-vasculaire, il faudra alors envisager une supplémentation nutritionnelle en calcium. L'efficacité du calcium dépend également de son absorption intestinale. Un cinquième seulement du calcium ingéré dans les aliments est absorbé. La consommation de fibres en excès (phytates [2]), la trop grande consommation de graisses retardent son absorption. Un pH intestinal acide la favorise.

– **La vitamine D** à raison de 800 UI par jour de vitamine D3 (vitamine naturelle, de préférence) réduit les taux sériques de parathormone [3], ralentit la vitesse du renouvellement osseux et semble accroître la densité osseuse.

– **Le silicium** augmente également l'absorption du calcium (professeur E. M. Carlisle, école de la santé publique de l'université de Los Angeles). Une alimentation équilibrée riche en fibres provenant de céréales complètes non raffinées et de légumes correctement cultivés apporte en principe des quantités suffisantes de silicium. Les fibres ajoutées ou la prêle sont parfois nécessaires en compléments.

– **Le bore** est un élément-trace que l'on trouve dans les légumes, les fruits, les noix et les céréales. Une étude conduite par le département américain de l'Agriculture a démontré qu'une supplémentation pendant une semaine, à raison de 3 mg par jour, chez des femmes post-ménopausées diminuait sensiblement les pertes en calcium et en phosphore.
Le bore augmente également les taux sanguins d'œstradiol et de testostérone.

– **La vitamine K** (vitamine K1, ou phytométadione et K2, ou menatetredone) que l'on trouve dans les choux, la choucroute, les choux rouges, les choux-fleurs et brocolis, les épinards et les graines de soja est bien connue comme facteur de coagulation. Son métabolisme peut être altéré par nombre de médicaments pris pendant de longues durées comme les anticoagulants, les antibiotiques et les anticonvulsivants. Or elle joue un rôle primordial dans la synthèse de la matrice osseuse par le biais d'une protéine bien connue : l'ostéocalcine.

D'autre études ont démontré que la densité osseuse était corrélée aux apports en vitamine K et que l'administration de cette dernière à raison de 1 mg par jour chez des femmes postménopausées réduisait sensiblement l'élimination urinaire du calcium.

– **Le manganèse** joue également un rôle très important dans le métabolisme des os et des cartilages. Une alimentation riche en céréales complètes (particulièrement en flocons d'avoine), mais aussi en fruits (bananes), en légumineuses et légumes fournit des quantités notables de manganèse.

D'autres éléments pourront être conseillés, soit séparément, soit sous forme de « complexes adaptés » à cette affection.

– **Des acides aminés soufrés** : L-cystéine et L-méthionine. Ces acides aminés apportent le soufre, capital pour la matrice osseuse par le biais de l'acide chondroïtine sulfurique, constituant de cette matrice ainsi que des cartilages et des tendons.

– **Les caroténoïdes**, de préférence d'origine naturelle car le bêta-carotène n'est probablement pas le seul ni le meilleur facteur protecteur. Les extraits d'algues dont la *Dunaniella algae*, la spiruline, la chlorella apportent l'ensemble des caroténoïdes dont le lycopène (que l'on trouve en grandes quantités dans les tomates).

– **Des antioxydants** : D-alpha-tocophérol (vitamine E naturelle), sélénium, nacétyl, cystéine, tocotriénols, etc.

– **De l'acide folique** (vitamine B9) et parfois la cobalamine (vitamine B12) qui renforcent le métabolisme, luttent contre les anémies macrocytaires et les malabsorptions digestives fréquentes à l'âge de la ménopause et surtout de la post-ménopause,

– **Le zinc** et son cofacteur indispensable, le chlorhydrate de pyridoxine (vitamine B6), qui sont désignés comme éléments indispensable par Glimcher dans ses travaux sur la biochimie de l'os.

Associées à une diététique équilibrée, enrichie en céréales complètes, légumes verts, soja, poissons et levure de bière ainsi qu'à un programme régulier d'exercices physiques, des cures régulières de suppléments nutritionnels choisis en fonction des besoins et des modes de vie de chacun engendrent une prévention efficace de l'ostéoporose.

Ces « cures » de trois à quatre mois pourront être renouvelées une à deux fois par an, prolongées un peu plus en hiver, période ou l'ensoleillement diminue, abaissant la synthèse endogène de la vitamine D.

Cette prévention nutritionnelle active ne doit pas, chez les sujets à risque, conduire à négliger les contrôles médicaux réguliers et notamment radiologiques ou ostéodensitométriques (mesures de la densité minérale de l'os). Certaines femmes devraient pouvoir bénéficier, de façon très précoce, de supplémentations hormonales adaptées à leurs besoins spécifiques et nous verrons plus loin la supériorité des extraits de wild yam dans ce domaine.

## La ménopause

La ménopause, ses suites et ses complications seront aussi le reflet et la suite logique de toute notre vie génitale. Si nous avons su, assez tôt, la surveiller, la gérer et la traiter avec les moyens appropriés et efficaces, il sera plus facile d'obtenir une ménopause sans problèmes et sans risques.

La prévention et dans certains cas le traitement non hormonal des affections gynécologiques sont déjà la première condition d'une « ménopause sans peine ».

L'expérience démontre que le traitement et la supplémentation précoce du syndrome prémenstruel (SPM) chez la femme qui en souffre préviendront nombre de signes redoutés risquant de survenir au moment de la ménopause. Le syndrome prémenstruel et la ménopause symptomatique (car toutes ne le sont pas) ont en commun le déséquilibre hormonal. Ce dernier, cyclique, précède les règles dans le cadre du syndrome prémenstruel (SPM) puis devient permanent dans le cadre de la symptomatologie ménopausique. On peut citer :
– bouffées de chaleur, dites bouffées vasomotrices,
– prise de poids, œdèmes, gonflement,
– aggravation des troubles circulatoires,
– dépression, angoisse, insomnie, etc.

Ces symptômes peuvent survenir des années avant l'arrêt des règles : on parle dans ce cas de préménopause et c'est alors qu'il faudrait corriger l'alimentation, l'hygiène de vie, éventuellement supplémenter et débuter les applications de sérum ou de crème de wild yam.

Car c'est également dans cette période pré- et périménopausique que peuvent s'aggraver des troubles veineux ou même cardio-vasculaires, survenir des cycles dits anovulatoires (où il n'y a pas de pontes ovulaires) augmentant le risque de maladies tels les fibromes utérins, les kystes ovariens et certains cancers. Une excellente façon de vérifier l'efficacité du sérum de wild yam est justement de l'appliquer dans ce cadre.

Pour préparer son action et en augmenter les effets nous vous conseillons, surtout si vous êtes fatigable et déprimée, une supplémentation en vitamines B1 (100 mg par jour), B6 (50 à 100 mg par jour), B9 (1 à 2 mg par jour) et B12 (1 000 UI par voie intramusculaire deux fois par semaine) et systématiquement en vitamine C avec bioflavonoïdes (500 à 1 000 mg par jour), en vitamine E (400 UI par jour), en zinc (10 à 20 mg par jour), et en magnésium (400 à 500 mg par jour).

Comme dans le cadre du syndrome prémenstruel, la prise d'acides aminés soufrés dits « lipotropes » tels que méthionine, inositol, choline... stimule le foie dans son activité de dégradation des produits du métabolisme hormonal et contribue donc à équilibrer la balance hormonale.

Avant même que vous ne commenciez à appliquer le sérum ou la crème aux extraits de wild yam, vous aurez diminué vos bouffées de chaleur :

– soit en prenant des veinotoniques, le plus souvent à base de plantes comme le marron d'Inde, le petit houx ou le gingko biloba,

– soit au moyen de préparations homéopathiques à visée circulatoire (Climaxol ®, Laboratoire Lehning) ou même des dilutions homéopathiques de FSH (en hautes dilutions, 12, 15 et 30 CH [4]) et de progestérone (3 CH, 4 CH).

L'efficacité certaine et rapide de ces supplémentations et de ces traitements démontre bien que les femmes ne sont pas condamnées à la supplémentation oestrogénique systématique pour retrouver leur vitalité et faire disparaître les abominables bouffées de chaleur qui les assaillent, finiront par les perturber considérablement et confirme bien que ce n'est pas seulement la carence œstrogénique qui est à l'origine des symptômes dont elles souffrent, mais plutôt le déséquilibre hormonal avec excès relatif d'œstrogènes vis-à-vis de la progestérone (comme dans le syndrome prémenstruel) et sa réponse hypothalamo-hypophysaire [5].

## Le vieillissement masculin et l'andropause

La différence entre ménopause et andropause provient du fait que, chez l'homme, il n'y a pas d'arrêt brutal d'une fonction, comme c'est le cas pour la ponte ovarienne chez la femme. Ce qui ne veut bien évidemment pas dire que l'homme ne vieillit pas. Ses testicules vieillissent et avec eux la sécrétion en testostérone. Bien entendu, chez l'homme, comme chez la femme, les autres glandes endocrines, hypophyse, surrénales, thyroïde ainsi que le thymus, voient, avec l'âge, leur fonctionnement s'altérer.

Le vieillissement masculin commence vers la quarantaine et se traduit par certaines modifications bien visibles à condition d'y prêter l'œil :
– modification de la silhouette : c'est le gros ventre avec relâchement de la sangle abdominale et tendance à la prise de poids ;
– baisse d'énergie physique, mentale et sexuelle avec diminution de la résistance à la fatigue ainsi qu'une augmentation du temps nécessaire à la récupération aussi bien après un effort physique qu'intellectuel ou sexuel ;
– diminution de la volonté d'entreprendre et de l' « agressivité » masculine spécifique qui se traduit parfois par une

hypersensibilité, une émotivité de type féminin pouvant conduire à la dépression voire à la dépendance ;
– perte de force et de volume musculaire ;
– apparition ou aggravation de troubles vasculaires et veineux (mais il faut tenir compte des prédispositions parentales) ;
– apparition ou aggravation de la calvitie, pour certains (tenir compte du terrain génétique) ;
– évolution péjorative du bilan lipidique (athérosclérose) et du bilan glycémique (diabète de type II) en tenant compte également du mode de vie (tabac et alimentation) et des prédispositions génétiques.

## Pourquoi négliger la prévention et le traitement du vieillissement masculin ?

La prévention et la supplémentation nutritionnelle non hormonale feront appel à des nutriments déjà conseillés chez la femme. On peut donc citer :
– **Les vitamines antioxydantes :** C à raison de 2 à 3 g par jour, si possible sous formes retard et associées à des bioflavonoïdes.
– **La vitamine E** à raison de 400 à 800 UI par jour, qui de plus aura une action préventive sur l'athérosclérose.
– **Les carotènes et caroténoïdes** sous forme naturelle, 10 000 à 30 000 UI par jour.
– **Le coenzyme Q10 (ubiquinone, 30 à 60 mg par jour) et les autres coenzymes Q** aujourd'hui à notre disposition afin de protéger le cœur, les vaisseaux sanguins et le système immunitaire du stress oxydatif.
– **Les vitamines A et D** qui seront éventuellement conseillées, selon les dosages biologiques à doses raisonnables, sous prescription et surveillance médicale.
– **Les vitamines B** et plus particulièrement les vitamines B1 et B6, en cas de risque cardio-vasculaire, de fatigabilité et de tendance dépressive, voire la vitamine B5 (pantothénates) à forte dose et la vitamine B12 en injections de 1 000 UI deux à trois fois par semaine.

– **Le calcium, le magnésium, le silicium, le zinc** qui jouent un rôle important sur les glandes endocrines et plus particulièrement sur la fonction testiculaire.

L'exercice aérobique est recommandé, à condition de pratiquer avec mesure et régularité (surtout après la quarantaine), répété au moins deux à trois fois par semaine et faisant évoluer la fréquence cardiaque pendant une vingtaine de minutes aux alentours des 130 à 140 pulsations-minute. Bien entendu il ne faut pas reprendre brutalement un entraînement interrompu et on doit surtout pratiquer un bilan cardio-vasculaire [6] chaque année lorsque l'on a dépassé l'âge de quarante ans.

Le maintien de la sécrétion de GH (hormone de croissance) par l'hypophyse peut être assuré par la prise avant le coucher d'un mélange ou association de L-arginine [7], L-glycine et L-ornithine. Ces trois acides aminés stimulent la sécrétion de l'hormone de croissance.

La supplémentation hormonale, préventive et curative de l'andropause peut être optimisée par la réalisation de bilans médicaux et biologiques. Le docteur Georges Debled développe de façon très claire cette méthode dans un ouvrage qui a connu un vif succès : *Au-delà de cette limite votre ticket est toujours valable* (Ed. Albin Michel, 1992). Nous avons maintes fois expérimenté la pertinence de ses idées et les effets positifs que l'on pouvait en attendre.

Malheureusement, l'ensemble du corps médical, en France, est aujourd'hui assez réticent à propos de cette supplémentation hormonale de l'andropause, et ce du fait d'arguments qui mériteraient, peut-être, un plus ample débat :
– elle est assimilée à un dopage,
– elle fait craindre de favoriser la survenue du cancer de la prostate.

La réflexion et les résultats cliniques permettent de moduler ces arguments. S'il faut se garder de supplémenter un sportif de compétition, ou un culturiste désireux de « gonfler », il ne faut pas assimiler la supplémentation hormonale de la quarantaine à un dopage sportif. Son but n'est pas de fabriquer des athlètes, des « armoires à glace » ou des champions de body-building mais des hommes en bonne santé évitant le plus longtemps possible la déchéance physique, musculaire, mentale et sexuelle. Il ne s'agit pas de « surplémenter » mais de supplémenter et de ramener les taux circulants de testostérone à ceux que l'on peut attendre d'un adulte relativement jeune et en bonne santé.

Quant à l'argument « prostate », il vient du fait que cet organe (comme le sein, chez la femme) contient dans ses tissus des récepteurs hormonaux que l'on tente de bloquer, dans le cadre du cancer de la prostate, par des médicaments appelés anti-androgènes. En fait, plusieurs études montrent que l'augmentation bénigne du volume prostatique qui existe chez de nombreux hommes après la quarantaine, se traduisant parfois par les troubles mictionnels que l'on connaît (envies nocturnes, diminution de la force du jet, douleurs en urinant), s'accompagne d'une diminution des taux circulants d'hormones mâles (androgènes) au profit des œstrogènes.

Si les statistiques indiquent que les sujets porteurs d'un cancer de la prostate ont des taux d'androgènes normaux ou abaissés pour leur âge, il est vrai que le blocage de la sécrétion et des récepteurs aux hormones mâles ralentit le développement du cancer, une fois celui-ci installé. Il faut cependant bien préciser que cette « castration médicamenteuse » n'est souvent que provisoire et s'obtient au prix d'effets secondaires très gênants accélérant fréquemment les symptômes de vieillissement, de dépression et parfois d'anémie.

Il serait donc utile de débattre d'une attitude médicale raisonnable consistant à envisager de supplémenter précocement et prudemment et à ramener les taux circulants d'androgènes aux limites physiologiques, sans les dépasser, et :

– proposer cette supplémentation le plus tôt possible, c'est-à-dire dès que les signes cliniques et/ou biologiques de l'andropause apparaissent ;

– accompagner systématiquement cette supplémentation d'une surveillance clinique, paraclinique et biologique de la prostate en la contre-indiquant en cas d'antécédents familiaux de cancers prostatiques ;
– préférer une polysupplémentation en ne négligeant pas de supplémenter, si besoin, en hormones surrénaliennes, thyroïdiennes et peut-être bientôt en DHEA, en prégnénolone et en hormone de croissance [8] (précisons qu'il s'agit ici d'hormone de croissance de synthèse qui n'a rien de commun avec l'hormone d'extraction qui a récemment défrayé la chronique), tout en respectant les mêmes règles de prudence que précédemment ;
– accompagner cette supplémentation hormonale d'une supplémentation nutritionnelle, de conseils diététiques et sportifs ainsi que d'une surveillance cardio-vasculaire.

Il est évident qu'une supplémentation de ce type ne peut être proposée et conduite que par des médecins expérimentés et suivie par des patients motivés. Là encore, la supplémentation en extraits naturels de wild yam est une alternative plus simple car elle est déjà en soi une polysupplémentation du fait de la multiplicité des précurseurs.

Son efficacité peut être évaluée physiquement, intellectuellement, sexuellement et biologiquement de la même façon. Le précurseur naturel introduit de cette façon dans l'organisme va permettre de générer une supplémentation polyhormonale physiologique qui reste difficile à réaliser lorsque l'on utilise les hormones de synthèse. Les faibles doses utilisées ne nécessiteront pas obligatoirement la même surveillance (ce qui ne veut pas dire : pas de surveillance du tout). Nous verrons, dans la dernière partie de l'ouvrage, que nous disposons aujourd'hui d'extraits standardisés de wild yam plus particulièrement adaptés à la supplémentation hormonale masculine du fait de leur combinaison synergique à d'autres substances végétales ou nutritionnelles.

## Forme et beauté

La beauté comme d'ailleurs la santé sont le reflet et le produit permanent de l'équilibre et de l'harmonie de nos fonctions vitales. Ainsi, l'aspect de notre peau, de nos ongles ou de notre chevelure dépend avant tout de nos capacités d'absorption des nutriments nécessaires à notre santé et donc de notre alimentation, de notre mode de vie, de notre niveau de stress, et du bon fonctionnement de nos organes de digestion.

L'on peut ainsi proposer une approche globale en nutrition orthomoléculaire et en endocrinologie de la cosmétologie, qui pourrait réunir des compétences médicales, nutritionnistes et esthétiques.

### La peau, un miroir de notre équilibre nutritionnel

**La vitamine A végétale** (bêta-carotène) préserve l'élasticité de la peau en inhibant sa kératinisation. Elle favorise la cicatrisation des plaies et forme avec le zinc un des piliers du traitement de l'acné. Elle prévient les dégénérescences cutanées provoquées notamment par les coups de soleil (action antiradicalaire) et de ce fait la survenue de lésions dites « à risque ».

**La vitamine E** protège la vitamine A de l'oxydation et possède des propriétés cicatrisantes. Elle représente avec le sélénium le plus puissant des antioxydants utilisables à ce jour et participe à la lutte contre le vieillissement cutané.

**La vitamine C** complète l'activité antioxydante des carotènes et de la vitamine E.

**Le zinc**, cofacteur de plus de 200 enzymes, est essentiel, par son action sur la synthèse de l'ADN, la croissance et la réparation cutanées. Son taux ne fait que décroître au fur et à mesure du vieillissement.

Certaines substances peuvent être antioxydantes et avoir

des actions favorables sur la microcirculation. Il en est ainsi des flavonoïdes (vitamine P) telles la rutine ou l'hespéridine, de la niacinamide ou de plantes comme le ginkgo biloba. Ce dernier a des propriétés bienfaisantes sur notre système vasculaire et vis-à-vis du stress oxydatif. Il existe aujourd'hui, sur le marché pharmaceutique et nutritionnel, de nombreuses préparations et associations équilibrées rassemblant ces éléments, en complémentarités synergiques, parfois en un seul comprimé « à action prolongée ».

**Les probiotiques** (substances favorisant l'autodéfense intestinale) que sont l'acidophilus et le bifidus contribuent au renouvellement et à l'équilibre de la flore intestinale. On sait aujourd'hui (et cela rejoint de très vieilles connaissances empiriques) que la santé et la beauté de la peau sont étroitement corrélées au métabolisme de la flore intestinale où sont synthétisées les vitamines du groupe B.

**Le chrome**, est lié à la vitamine PP et à trois acides aminés dans le FTG (facteur de tolérance au glucose). Ses besoins sont accrus pendant la grossesse et sa concentration décroît avec l'âge. Il renforce l'action du zinc, notamment au sein des métabolismes en relation avec celui de l'insuline.

## De beaux cheveux pour la vie !

Si vous pensez qu'il existe une recette miracle pour les faire repousser ou les empêcher de tomber, vous vous trompez ! Quoique... on peut observer des résultats étonnants qui mériteraient un chapitre entier : la réalisation simultanée de l'équilibre nutritionnel et hormonal a permis dans un certain nombre de cas de voir des repousses ou des revitalisations surprenantes ! Il faut toutefois reconnaître qu'il existe des facteurs d'ordre génétique que nous ne maîtrisons pas. Mais trop de mauvais résultats sont certainement le fruit de démarches préventives (nutritionnelles ou hormonales) trop tardives ou trop timorées.

La santé et la beauté des cheveux peuvent être affectées par de nombreuses déficiences vitaminiques ou minérales. Quels sont les éléments à surveiller et à préserver ?
– **La vitamine C**, qui intervient avec le silicium dans la structuration du collagène : elle doit être conseillée dès l'adolescence à des doses de 200 mg à 1 g par jour, en fonction de certains besoins exceptionnels.

– **L'acide pantothénique** (ou vitamine B5) et **la biotine** (vitamine B8), surnommés « vitamines du cheveu », jouant un rôle important dans les affections cutanées telles la séborrhée,
certaines dépigmentations, les retards de cicatrisation.

– **La pyridoxine** ou vitamine B6, cofacteur de la vitamine B5, du zinc et du métabolisme des acides gamma-linoléiques.

– **La niacinamide** ou vitamine B3 (ou vitamine PP), qui active la microcirculation au niveau du cuir chevelu.

– **L'acide folique** ou vitamine B9, dont la concentration décroît avec l'âge, la grossesse et au cours de certains traitements hormonaux (pilule contraceptive). Il est anti-anémique et participe à la synthèse des nucléoprotéines et de la méthionine.

– **La cobalamine** ou vitamine B12, qui intervient dans le métabolisme des protéines, dans la synthèse de la méthionine, de la choline et des acides nucléiques (ADN et ARN).

– Trois métaux sont essentiels à la vitalité du cheveu : il s'agit du **fer**, du **cuivre** et du **manganèse** auxquels vient s'ajouter **l'iode**. Tous quatre sont indispensables non seulement à la bonne santé du cheveu mais également à celle des ongles, des dents et de la peau.

– Les apports de **soufre** et le **sélénium** peuvent être essentiels, surtout lors d'agressions par le stress, la vie ou des médicaments comme, par exemple, les chimiothérapies anticancéreuses. Nous avons maintes fois remarqué que les patients qui suivaient ces conseils d'apport et d'optimisation nutritionnels perdaient beaucoup moins leurs cheveux que les autres au cours de ces traitements.

– La **choline,** qui stimule avec la niacinamide la microcirculation et aide à lutter contre l'athérosclérose.

On trouve ces éléments associés dans des complexes nutritionnels adaptés et synergiques dans les magasins de diététique ou les pharmacies.

### Les ongles

Il faut envisager d'associer :

– La **L-cystéine**, la **méthionine**, le **fer** et la **vitamine C** avec la silice végétale (silicium) qui intervient dans la formation et dans la réticulation du collagène et de l'élastine partout où ces structures sont présentes. La peau, les cheveux et les ongles sont donc particulièrement concernés ;

– Le **calcium** et le **magnésium** qui apportent les éléments essentiels à la croissance ;

– La **spiruline**, une algue apportant de façon naturelle de l'iode et des microtraces marines ;

– L'**huile d'onagre** et certaines substances végétales connues pour aider au durcissement.

On trouve l'ensemble de ces composants associés dans des complexes nutritionnels de type « Superongles ».

Quelles que soient les qualités de ces supplémentations, elles ne seront réellement performantes que dans le cadre d'un bon équilibre diététique et hormonal.

1. Substance fondamentale de l'os.
2. Parties non digestible des céréales qui peuvent nuire à l'absorption des nutriments.
3. Hormone sécrétée par les parathyroïdes.
4. CH : dilution centésimale hahnemanienne.
5. Cette réponse hyothalamo-hypophysaire se traduit par l'augmentation dans le sang de la FSH et de la LH que le praticien va pouvoir doser pour confirmer l'installation de la ménopause.
6. Avec épreuve d'effort sur bicyclette ergométrique en milieu hospitalier.
7. Sous réserve qu'il n'y ait pas d'antécédents herpétiques.
8. Il existe, aux Etat-Unis, quelques études de supplémentation de sujets âgés de plus de 70 ans avec cette hormone. Les résultats furent spectaculaires quant au rajeunissement, à l'amélioration de la peau, de la forme et à la transformation d'une partie de la masse grasse en masse musculaire. Toutefois quelques effets secondaires bénins ont contraint à interrompre ces études. D'autres études avec des doses plus faibles, dans le cadre de polysupplémentation, sont en cours.

## Chapitre 4

# Hormones naturelles et progestérone

La pratique de la médecine occidentale est axée sur l'utilisation de médicaments ou d'entités chimiques spécifiques destinés à provoquer des réactions bien définies à l'intérieur du corps humain.

Ce principe consistant à augmenter la capacité de l'organisme à fonctionner ou à corriger ses dysfonctionnements, à travers l'usage de médicaments ou de substances analogues, remonte à plusieurs centaines d'années. L'étude empirique des médecines anciennes révèle ainsi des centaines de composés naturellement sûrs que l'organisme humain peut traiter avec beaucoup moins d'effets secondaires que les substances de synthèse, produits chimiquement isolés à partir d'un composé naturel. Ce fut le cas pour l'utilisation empirique des ignames.

---

Dans la rédaction de ce chapitre, nous avons utilisé l'importante documentation qui nous a été fournie par le docteur Jamieson et Mme Beth Ley.

Malheureusement, il existe une grande confusion au sujet des espèces médicinales. On recense, par exemple, plus de 800 espèces d'ignames sauvages, ayant toutes des compositions phytochimiques différentes et, par conséquent, des activités et des utilisations spécifiques. Toutes ne se ressemblent pas et, comme c'est le cas pour d'autres produits de phytomédecine végétale, les méthodes d'extraction et de standardisation sont de la plus grande importance.

La nature, avec ses milliards d'années d'expérimentation, contient un potentiel qu'aucun scientifique ou aucun ordinateur ne peut évaluer ni encore moins imiter. On en trouve une excellente illustration dans la découverte, l'identification et enfin la production en masse de diverses hormones endocriniennes. Aucune classe de substances synthétiques ou naturelles n'a probablement eu d'impact aussi profond sur la pratique de la médecine.

## Les premiers extraits hormonaux

A la fin des années 1800, des chimistes du monde entier extrayaient des composés hormonaux bruts de diverses glandes animales. A cette époque, les scientifiques ne connaissaient pas l'importance des relations réciproques des différentes glandes endocrines et la majorité des hormones extraites demeuraient non identifiées.

Le précurseur de toutes les hormones dans le corps humain est le cholestérol et le premier chercheur qui s'intéressa à la nature du cholestérol fut Windhaus, un scientifique allemand aujourd'hui considéré comme « le père de la chimie des stérols ». Windhaus possédait dans son équipe un étudiant brillant, Adolph Butenandt, qui étudiait, sous sa direction, la nature d'une substance contenue dans l'urine des femmes enceintes, une hormone qui induisait une élévation de température chez la souris et le rat. Ses recherches par la suite débouchèrent sur l'isolement et l'identification de l'œstrone.

En 1926, Le professeur de chimie physiologique de

l'université de Chicago, Fred C. Koch, et son étudiant, Lemuel McGee, étaient « sur la piste » de l'hormone mâle. Ils réalisaient laborieusement des extraits à partir de testicules de taureau avec des résultats décevants. Finalement, après avoir constitué une équipe avec le chercheur irlandais T. F. Gallagher, ils parvinrent à un procédé d'extraction en plusieurs étapes, conduisant à un mélange beaucoup plus actif que ce qu'ils avaient obtenu jusque-là. Alors qu'il fallait des semaines et de grandes quantités de l'extrait précédent pour enregistrer une maigre réaction, avec 1/100 de milligramme du nouveau cocktail extrait, ils obtenaient des résultats fantastiques en cinq jours à peine.

Buntenandt surveillait de près le travail de Koch à travers d'obscurs cahiers scientifiques et se mit aussitôt en quête de cette hormone mâle inconnue. Il avait extrait de la testostérone à partir de sources animales, mais voulait réaliser la synthèse de cette substance. Il était cependant déjà capable de synthétiser un précurseur de la testostérone, la déhydroépiandrostérone (DHEA). Les premières extractions furent effectuées à partir du cholestérol, le dernier précurseur hormonal. Avec la deuxième méthode d'extraction, **il fut capable d'extraire la DHEA à partir du bêta-sitostérol, un stérol végétal disponible à partir d'un grand nombre d'huiles diverses comme l'huile de soja**, utilisé à cette époque comme anabolisant [1] doux.

Dans les années 1930, Bunstat réussit à synthétiser partiellement la testostérone, qui fut immédiatement reconnue par les médecins comme une hormone sexuelle, ayant une action positive sur la forme, le volume et la force musculaires. Des tentatives furent réalisées afin d'isoler des composants de la testostérone et de mettre au point d'autres produits chimiques ne comportant pas de caractéristiques sexuelles, afin d'éliminer les nombreux effets secondaires tout en préservant les effets anabolisants. Jusque-là, la production et le prix des produits hormonaux bruts étaient contrôlés par le cartel européen basé en Allemagne, Hollande et en France.

Pendant des années, des culturistes, des haltérophiles et des athlètes professionnels ont utilisé des anabolisants stéroïdiens pour gagner de la force, du poids et de la masse musculaire. Mais, nous savons également que certains effets secondaires (cancers, leucémies, stérilités, modifications du psychisme, de la pilosité, de la voix...) font malheureusement de cette consommation une façon très dangereuse d'améliorer son aspect physique et sa force.

**Or des substances végétales naturelles renfermant des sapogénines (c'est-à-dire des stérols végétaux) possèdent une formule chimique voisine, et peuvent constituer une alternative de moindre risque.**

## Hormones à base de substances végétales

**C'est ainsi que les ignames sauvages ont constitué une source de premier plan pour la production de progestérone de synthèse, de DHEA et d'autres hormones.** Elles représentent encore aujourd'hui la famille végétale la plus largement utilisée. **Plus de 200 millions de prescriptions contenant ses dérivés sont vendues chaque année aux Etats-Unis.**

L'espèce dioscorea continue de fournir environ 50 % de la matière première pour la synthèse des stéroïdes et sert de base à une industrie qui brasse des milliards de dollars. **La matière première est enrichie de phytogénines précurseurs, qui vont être modifiées par voie enzymatique pour préparer des hormones telles que la déhydroépiandrostérone (DHEA) et la progestérone. La diosgénine, dont la poudre de yam peut renfermer jusqu'à 14 %, présente une structure proche de celle de la progestérone et pourra être utilisée pour conduire à cette dernière.**

Pour produire la déhydroépiandrostérone (DHEA), il est nécessaire d'extraire plusieurs autres génines, peptides et enzymes, afin de réaliser une synthèse efficace de l'hormone. Bien que d'autres sources de stéroïdes végétaux soient facilement disponibles pour parvenir à de telles fins – comme les graines de soja, l'agave et le yucca – l'igname sauvage constitue la meilleure et la plus concentrée des sources connues et utilisées à ce jour.

Au cours des 30 dernières années, on a vu la valeur marchande de ces ignames augmentée de façon considérable, cependant qu'un petit nombre d'entreprises, au travers de liens politiques avec le gouvernement mexicain, a monopolisé complètement cette technologie en contrôlant la culture et la récolte de l'igname *Barbasco*. Les ignames étaient envoyées par bateau en Europe pour être transformés en précurseurs et en hormones pharmaceutiques.

Parmi ces utilisations importantes de la racine d'igname sauvage, on peut mentionner des précurseurs et des substances phytopharmacomimétiques de la déhydroépiandrostérone (DHEA). Les ignames sauvages *Dioscorea* ont ainsi pu être utilisés comme précurseurs de DHEA car les stérols qu'elles renferment naturellement sont facilement transformés pour conduire à l'hormone.

## Qu'est-ce qu'une hormone naturelle ?

**Par définition, son obtention n'est pas le fait de la synthèse chimique ou d'une hémi-synthèse. C'est encore le yam qui va nous fournir l'exemple type de cet aspect fondamental et novateur de la recherche.** C'est à partir de cette plante que seront élaborés les précurseurs végétaux naturels de la progestérone et de la DHEA. Ils ont permis aujourd'hui la mise sur le marché de compléments nutritionnels naturels possédant des propriétés pharmacomimétiques dites « hormone like ».

**Le yam**
La famille de dioscoréacées comporte, nous l'avons dit, plus de 800 espèces différentes, très riches en diosgénine qui peut être aisément convertie en prégnénolone et progestérone.
Ce yam, encore appelé *giant yam*, *cabeza de negro*, *Dioscorea macrostachya,* est natif des régions subtropicales. Ses racines souterraines peuvent peser près de 40 kg ; ce sont elles qui renferment les sapogénines stéroïdiques qui ont servi depuis près de trente ans à la synthèse partielle des hormones de structure stéroïdique. Notons cependant qu'une approche purement chimique, donc par voie de synthèse, peut également conduire aux hormones stéroïdiques à partir du cholestérol et de son sulfate.

Sur l'ensemble des espèces répertoriées, on a pu sélectionner des variétés plus actives que d'autres aux propriétés et aux usages différents. Le *Dioscorea bulbifera*, le *Dioscorea batatas*, le *Dioscorea sativa*, *niponica* sont parmi les espèces courantes les plus actives. Toutes proviennent d'Amérique centrale et sont des espèces de haute altitude. La plante très largement utilisée par l'industrie alimentaire, puis pharmaceutique, était le *Dioscorea villosa.* Mais cette espèce n'a malheureusement pas permis de retrouver des quantités constantes et suffisantes en principes actifs pour assurer une efficace transformation en hormone naturelle. De plus, elle est très souvent cultivée, fertilisée et enrichie en pesticides, fongicides, voire soumise à des irradiations. Tout cela nuit à son intérêt thérapeutique comparé aux autres variétés de yam que nous avons cité.

## James Jamieson, un chercheur de pointe

C'est au pharmacologue James Jamieson que nous devons les plus importants travaux sur les yams et, au-delà, la réalisation concrète des suppléments nutritionnels « pharmacomimétiquement hormonaux » objets de notre étude.

Ce chercheur appartient à une famille de pharmaciens

de plusieurs générations. Après des études de pharmacie à Brooklyn, il acquiert une spécialisation en industrie pharmaceutique et plus spécialement dans la mise en forme et le conditionnement pharmaceutique. C'est ainsi qu'il créa le *PK Blender*, standard industriel, et qu'il devint un expert en pharmacocinétique, spécialisé dans l'obtention de formes spécifiques de diffusion tissulaire de remèdes tant oraux que topiques, de crèmes ou de liquides, ainsi que de formes retard et de « patch » cutanés. Nous le retrouvons ensuite consultant chez Merck, Glaxo, Hoffman Laroche, Down Chemical. A ce stade, il développe le procédé permettant la conversion de la pénicilline G en ampicilline, procédé qui fit réaliser un véritable bond dans la recherche, entraînant une réduction drastique du coût de productivité de cette grande famille d'antibiotiques.

Plus tard, Jamieson établira le procédé de conversion du chlorhydrate de quinine en sulfate de quinidine, produit à usage cardio-vasculaire, ainsi que de polymères permettant le développement de nouveaux antioxydants utilisés pour combattre les radicaux libres.

Une des principales innovations de la firme Jamieson fut la mise au point d'un *proprietary delivery system*, ou PDS. Cette technique fait appel au délitement instantané ou retard, de substances actives. Ce principe a été largement utilisé depuis dans les domaines de la nutrition et de la phytothérapie. Ainsi ont vu le jour des nébulisats, lyophilisats, des concentrés d'herbes et de plantes ou des compléments nutritionnels. Parmi les autres progrès que nous devons à ce chercheur, nous citerons : la forme orale de l'acétominophène, la première papavérine retard, etc.

Mais c'est également lui qui fut à l'origine de la séparation, du choix et des transferts spécifiques des différentes espèces de yam pour l'obtention d'hormones naturelles. Pour ce faire, il a procédé à la détoxification, chélation [2], enrichissement enzymatique et catalytique de tous les composants utilisables de la plante : racines, feuilles, tiges, graines, etc.

auxquels viendront s'ajouter les processus de « libération spécifique et retard » des produits actifs dont nous avons parlé précédemment.

Parvenus à ce stade de notre exposé, nous pouvons aborder l'une des clés majeures des hormones naturelles en parlant de la progestérone et de son rôle.

## Rôle de la progestérone

La progestérone est l'une des deux principales hormones fabriquées par les ovaires de la femme en période de menstruations ; les œstrogènes constituent l'autre hormone. Plus spécifiquement, il s'agit de l'hormone du *corpus luteus* (ou corps jaune) sécrétée juste avant l'ovulation, qui augmente rapidement après celle-ci, pour devenir l'hormone féminine principale durant les deux dernières semaines du cycle menstruel.

La synthèse de la progestérone trouve son origine dans l'ovaire comme produit issu du cholestérol. De la progestérone dérivent les corticostéroïdes au stade ultime de leur formation, ainsi que les autres hormones sexuelles : œstrogènes et testostérone. Ce processus peut être résumé dans le shéma ci-dessous :

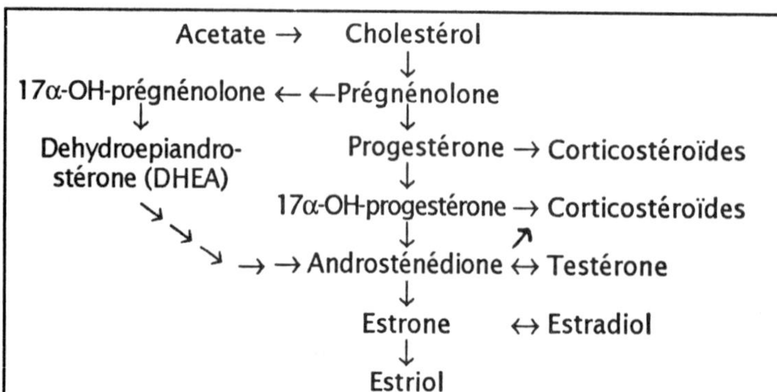


d'après Lee, *Natural progesterone*, page 5.

Nous n'entrerons pas ici dans le mécanisme détaillé des fonctions biologiques de la progestérone, qui ont fait l'objet d'études scientifiques fort importantes et dont nous citons les sources en annexe bibliographique.

D'une façon simplifiée, nous dirons que la progestérone est fondamentale à trois niveaux principaux :
– celui de la procréation,
– en tant que précurseur biologique d'autres hormones,
– de par ses propriétés biologiques intrinsèques.

Il a été démontré que la progestérone protège des effets indésirables des œstrogènes, qu'il s'agisse de manifestations préménopausiques ou de ceux résultant de leur supplémentation et prescription en thérapeutique.

Rappelons à ce sujet que les œstrogènes favorisent le passage de l'eau et du sodium (NA) dans les cellules, ce qui affecte la production d'aldostérone (une autre hormone produite par la surrénale), pouvant conduire à une rétention d'eau et à une hypertension artérielle. Les œstrogènes peuvent être responsables d'une hypoxie intracellulaire, perturber le métabolisme de la glande thyroïde, promouvoir la libération d'histamine, augmenter les risques d'accidents vasculaires en favorisant l'agrégation plaquettaire, épaissir la bile, favorisant ainsi la formation de calculs, être la cause de la rétention de cuivre et de la perte de zinc organique...

Si cette action des œstrogènes n'est pas contrebalancée par celle de la progestérone, elle risque d'engendrer une diminution de la libido, un état plus ou moins dépressif, favoriser la formation de fibrome utérin, de cancer utérin ou mammaire.

La quasi-totalité de ces effets « non désirables » peut être annulée ou réduite grâce à la progestérone. On comprend donc pourquoi il convient de maintenir, en toutes circonstances, un niveau adéquat de progestérone.

**Résumé des principales fonctions de la progestérone**

– Précurseur d'autres hormones sexuelles : œstrogènes et testostérone.

– Préserve la sécrétion de l'endomètre (muqueuse de l'utérus).
– Diurétique naturel.
– Aide à l'utilisation des graisses pour leur transformation en énergie.
– Antidépresseur naturel.
– Stabilisateur du métabolisme thyroïdien.
– Restauration de la libido.
– S'oppose à l'agrégation plaquettaire (protection cardio-vasculaire).
– Aide à la normalisation du taux de sucre dans le sang (glycémie).
– Normalise les niveaux de Zinc et de Cuivre.
– Améliore la respiration cellulaire.
– Protège des cancers de l'endomètre et de certains cancers du sein.
– Stimule l'édification du tissus osseux et s'oppose à sa dégénérescence.
– Nécessaire à la survie de l'embryon et à celle du fœtus tout au long de la gestation.
– Précurseur de la synthèse de la cortisone par le cortex surrénalien.

Grâce à ce rappel on comprend aisément tout l'intérêt que le praticien peut retirer de la prescription de progestérone et plus encore le patient lorsqu'il l'utilise.

## Progestérone de synthèse et progestérone naturelle

**Progestérone et progestatifs (autrement dit : progestérone de synthèse) ne doivent pas être confondus, bien qu'analogues dans leur structure chimique et leurs fonctions.** La différence essentielle réside dans leur mécanisme d'action biologique, leurs effets secondaires possibles et leur risque potentiel. Rappelons que les hormones proposées dans le cadre du traitement hormonal de substitution ne sont pas des hormones naturelles. Il s'agit de médicaments qui, pour des raisons historiques et industrielles, ne sont plus réalisés par extraction mais par une synthèse.

**Nous noterons ici qu'un grand nombre de médecins considèrent qu'il n'y a pas de différence significative entre progestérone de synthèse et progestérone d'extraction naturelle comme celle pouvant être obtenue à partir de la diosgénine, constituant principal du wild yam mexicain.**

Selon le docteur Neils Lauersen [3] (obstétricien à New York), certaines formes de progestérone synthétique ont des effets masculinisants chez certaines femmes et provoquent des rétentions de liquide chez d'autres. **La progestérone naturelle, extraite du wild yam, ne provoque aucun effet de masculinisation.** Elle réduit au contraire la rétention de sel et n'a donc aucune tendance à faire grossir ou « gonfler ».

**De son côté, John Lee prétend que la raison pour laquelle la progestérone synthétique peut occasionner des effets secondaires est tout simplement qu'elle n'est pas de la progestérone.**

Selon lui, les laboratoires pharmaceutiques, dans leur manipulation de synthèse, **en altèrent la structure moléculaire** de sorte que le produit obtenu ne s'intégre pas naturellement dans le métabolisme biochimique du corps humain [4].

**La progestérone extraite du wild yam est quasiment identique à celle produite par le corps humain. C'est le corps lui-même qui va en opérer la conversion, ce qui ne**

**peut être le cas dès lors que l'on absorbe un composé synthétique.** En comparant les deux formules chimiques, on constate en effet la présence supplémentaire d'atomes d'hydrogène (H) dans la formule de base de la progestérone de synthèse. Il y aurait en quelque sorte un « métabolisme spontané » qui, chez certaines espèces de wild yam, conduirait à la progestérone ainsi qu'à la DHEA.

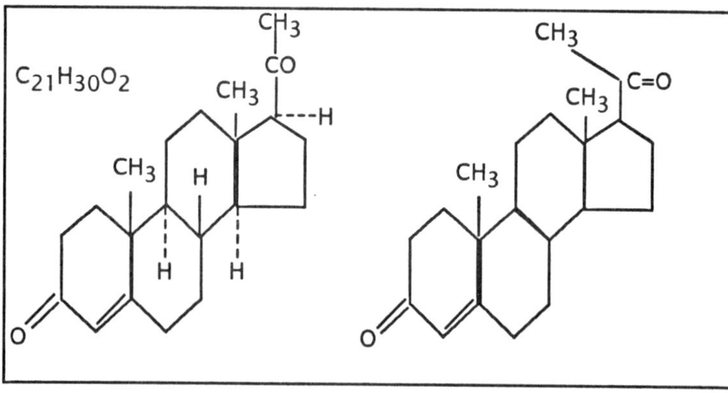


**Progestérone de synthèse** **Progestérone naturelle**

Mais il y a plus encore, car la pureté et les effets des molécules obtenues par synthèse sont également différents de ceux pouvant être observés avec le produit de synthèse. C'est un problème en apparence difficile à comprendre, lié à l'aspect biochimique de la question et que l'on a appelé « chimie des précurseurs ». Cela permet de mieux comprendre la perte d'efficacité de ces substances lorsque l'on passe du remède naturel au médicament de synthèse. **Il existe en effet dans le produit d'origine naturelle des enzymes cofacteurs et des coenzymes qui agissent en symbiose avec les composants actifs** ; lorsque ces éléments sont manquants dans la synthèse du produit pharmaceutique final, celui-ci perdra de son efficacité.

Par ailleurs, ces molécules naturelles ont non seulement

une formule chimique mais possèdent également une structure stéréotaxique c'est-à-dire une architecture spatiale spécifique qui n'est pas obligatoirement identique lorsque l'on en réalise une copie par voie de synthèse. Dans ce cas, les phénomènes d'autorégulation de l'organisme ne seront plus assurés : la clé ne rentre pas dans la serrure, les mécanismes de feed-back hypothalamo-hypophysaires peuvent ne plus être les mêmes. Il en sera de même des régulations enzymatiques ou nutritionnelles. Cette explication, quoique schématique, permet de comprendre que la copie et l'original, même très proches, peuvent avoir des propriétés et des effets secondaires très différents.

De plus, apparaîtront presque toujours des effets secondaires qui ne se rencontraient pas dans le produit original sous forme naturelle [5]. Si l'organisme peut être encouragé à s'aider lui-même, c'est beaucoup mieux. Si vous souhaitez obtenir un équilibre, vous devrez le plus souvent, avec des formes pharmaceutiques de synthèse, recourir à une périodicité de prise très importante et risquer une altération, une fatigue des surrénales. C'est ce que l'on observe avec la cortisone.

Aussi a-t-on pu noter à notre époque une tendance très positive vers un retour à la nature des principales entreprises pharmaceutiques pour rechercher de nouveaux traitements végétaux. Ainsi, les forêts du Costa Rica, la forêt amazonienne fournissent et recèlent un grand nombre d'espèces végétales aux propriétés multiples et variées. Certaines sont déjà commercialisées en suppléments nutritionnels tel le « Cat's claw » ou « Una de gato », excellent support du système immunitaire. Mentionnons également le nombre important de firmes se préoccupant des propriétés de l'if, dont on a extrait une substance permettant un traitement jugé efficace du cancer. Mais, les entreprises pharmaceutiques ont rencontré un problème avec l'if, en découvrant que la version synthétique de cette substance pouvait ne pas être aussi efficace que le produit naturel original. C'est l'exemple de ce qu'il peut advenir lorsque l'on purifie à l'extrême, lorsque « l'équilibre est rompu ».

Le public américain, comme de nos jours le public français, éprouve une méfiance certaine envers des produits réalisés par totale synthèse, ce qui l'a conduit parfois vers les thérapies alternatives afin d'éviter les éventuels effets secondaires. C'est une attitude qui peut se justifier, mais cela ne veut absolument pas dire que toutes les thérapies naturelles soient sans danger [6] ou qu'elles doivent être utilisées n'importe comment ou dans n'importe quel cas. Mais, il conviendrait plus encore dans ce domaine de choisir le ou les authentiques « laboratoires-fabricants » dont la technologie et le sérieux auront été reconnus de longue date. Ainsi, il sera possible de ne plus employer le terme de « thérapies alternatives », mais bien plutôt d'une « médecine complémentaire alternative ». Celle-ci étant axée sur l'étonnante capacité que possède l'organisme humain à se guérir lui-même lorsqu'on lui administre des **substances naturelles qui auront suivi les mêmes critères de contrôle de fabrication, de conservation et de distribution que ceux préconisés par l'industrie pharmaceutique et ses nombreuses spécialités.**

Les précurseurs hormonaux naturels œuvrent dans ce sens et apparaissent comme les meilleurs garants du serment d'Hippocrate : « D'abord, ne pas nuire [7]. »

## Questions à propos des œstrogènes et de la progestérone

### Y a-t-il des effets secondaires à l'utilisation d'une progestérone naturelle ?

Ces phénomènes, lorsqu'ils existent, sont mineurs et peuvent être aisément résolus en changeant quelque peu les doses journalières et les durées d'utilisation. C'est ainsi que dans un groupe de patientes présentant un syndrome prémenstruel traité sur une longue période de temps (supérieure à 4 mois), il y aura peut-être lieu d'augmenter les périodes d'interruption à chaque cycle. On a pu également observer, chez les femmes présentant des règles irrégulières, quelques saignements à l'ovulation, en début de traitement c'est-à-dire pendant le premier ou second cycle.

Toutefois, lors d'un usage continu, ces phénomènes disparaissent très vite et les femmes ménopausées ou présentant des phénomènes d'ostéoporose ne constateront aucun effet secondaire à la suite de prise régulière de progestérone naturelle.

**Ai-je besoin d'une ordonnance pour me procurer une progestérone naturelle ?**
Non, la progestérone naturelle sous forme de crème, d'huile ou de sérum provient des différentes espèces de *mexican yam* qui doivent être considérées comme étant des produits nutritionnels. Les autres composants figurant généralement à l'état de traces ou d'ingrédients cosmétiques sont tous d'origine naturelle.

**Puis-je utiliser une progestérone naturelle sans œstrogènes pour la prévention de l'ostéoporose ?**
Oui, certains praticiens estiment qu'une supplémentation en œstrogènes n'est généralement pas nécessaire pour le traitement de syndromes postménopausiques chez les femmes ayant encore leurs ovaires.

S'il advient quelques bouffées de chaleur, la progestérone naturelle est généralement suffisante pour les faire cesser. Il est alors recommandé de l'utiliser journellement, et même d'en appliquer en supplément toutes les 15 minutes pendant la durée d'une bouffée de chaleur à raison de quelques gouttes transdermiques (Nugest Sérum). Si après un mois de cette utilisation, il subsiste encore quelques « flash », il sera toujours possible de recourir à l'utilisation de certains œstrogènes en accompagnement de la progestérone naturelle. Ces œstrogènes pourront être utilisés jusqu'à ce que les bouffées de chaleur cessent complètement ; il suffira alors de reprendre le traitement par la progestérone seule.

**Combien de temps devrai-je utiliser la progestérone naturelle avant d'en constater les bénéfices ?**
Dans les cas de syndromes prémenstruels, quelques femmes ont immédiatement constaté une amélioration (parfois en quelques minutes), d'autres une cessation des symptômes désagréables dans un délai de un à trois mois.

D'une façon générale et en moyenne, les symptômes ménopausiques seront améliorés voire supprimés dans un délai de quelques mois. Il peut toutefois y avoir des exceptions, notamment chez les femmes qui ont été hystérectomisées et pour lesquelles l'usage d'œstrogènes en complément de la progestérone naturelle est malgré tout nécessaire. Mais la physiologie de chaque femme est différente et il n'existe pas de moyen exact pour prédire comment, quand et sous quelle forme les améliorations vont survenir.

**La progestérone naturelle peut-elle m'aider dans le cas d'endométriose ou de fibrome mammaire ou utérin ?**
Quantité de facteurs doivent être considérés dans ces deux exemples. Le facteur commun est un niveau trop élevé d'œstrogènes circulants, traduisant donc un déséquilibre hormonal. La progestérone naturelle est un précurseur hormonal global qui aide à normaliser la production de beaucoup d'autres hormones et activités endocriniennes de l'organisme. Elle peut donc, même dans une situation de ce type, favoriser la régulation des niveaux d'œstrogènes ou contribuer de façon significative à la régler.

**La progestérone naturelle peut-elle m'aider à résoudre le problème de la sécheresse vaginale ?**
La sécheresse vaginale se rencontre chez des femmes de tout âge, et pour des raisons diverses, mais elle survient plus généralement chez les femmes postménopausées.
La progestérone naturelle, sous forme de crème, peut alors être utilisée intravaginalement, et s'est avérée extrêmement active pour remédier à ce problème et à celui de l'atrophie des

tissus de la muqueuse associée à l'âge ou à une carence hormonale.

**En cas d'hystérectomie, doit-on obligatoirement utiliser des œstrogènes ?**

Pas nécessairement. Si l'hystérectomie a consisté uniquement dans l'ablation de l'utérus et a laissé les ovaires en place, la progestérone naturelle seule peut être la solution adéquate et suffisante permettant de contrôler les symptômes ménopausiques et d'aider à prévenir l'ostéoporose.

Dans le cas d'une complète ablation de l'utérus et des ovaires, il est recommandé de commencer par l'utilisation de la progestérone naturelle seule. Si aucune amélioration n'est constatée dans un délai de deux semaines à deux mois, une médication œstrogénique sera alors nécessaire.

**Est-ce que les œstrogènes peuvent être utilisés indépendamment de la progestérone naturelle ?**

La réponse est définitivement non. Il est extrêmement important qu'une progestérone soit utilisée conjointement avec quelque forme que ce soit d'œstrogènes. La médication œstrogénique sans progestérone peut favoriser la survenue de troubles de l'endomètre et du vagin et accroître les risques de survenue de certains cancers.

**Ma ménopause est passée, je n'ai plus aucun trouble. Ai-je besoin d'une progestérone naturelle ?**

Les femmes qui n'ont jamais eu de problèmes gynécologiques ou menstruels, et qui n'ont pas présenté de troubles importants au moment de leur ménopause ont-elles des raisons d'utiliser des hormones de remplacement, qu'il s'agisse d'œstrogènes ou de progestérone (naturelle ou non) ? C'est un vaste débat qui, ainsi que nous l'avons vu, n'est pas définitivement résolu. Mais s'il y a, du fait des antécédents familiaux ou personnels, du mode de vie et/ou de certains symptômes un risque ou un doute sur une possibilité de manifestation d'ostéoporose, il semble urgent d'essayer de faibles doses de progestérone naturelle en les associant au régime et à la supplémentation nutritionnelle. De plus il semble bien que, pour une grande majorité de femmes, la supplémentation hormonale apporte un meilleur confort de vie, un meilleur tonus et une atténuation de nombres de signes liés au vieillissement.

**J'ai déjà pris des hormones qui m'ont été prescrites par mon médecin. Dois-je passer à la progestérone naturelle ?**
La progestérone naturelle est une alternative ou un complément au traitement hormonal de substitution (THS). Les hormones de synthèse présentent, nous l'avons vu, de nombreux risques et effets secondaires potentiels. Les œstrogènes peuvent être, dans certaines circonstances, dangereux pour la santé, spécialement s'ils sont administrés sans progestérone. Si vous suivez un traitement composé à la fois d'œstrogènes et de progestérone de synthèse, une transition peut être envisagée afin de substituer graduellement la progestérone naturelle aux dérivés de synthèse ; puis graduellement, on peut tenter de supprimer les œstrogènes et laisser la progestérone naturelle assurer le relais.

Si néanmoins des bouffées de chaleur ou quelque autre symptôme désagréable advenaient, et que la progestérone naturelle ne parvienne pas à les éliminer à court terme, dans un délai de 1 à 2 mois, il serait bien entendu possible de reprendre, graduellement, de très faibles doses d'œstrogènes.

**Est-ce que les hommes peuvent utiliser de la progestérone naturelle ?**
S'il s'agit d'un homme jeune, disons en-dessous de 45 ans, ce n'est pas recommandé car cela pourrait favoriser une dégénérescence testiculaire et une baisse de la libido. Toutefois, des hommes plus mûrs pourront utiliser de la progestérone naturelle journellement et constater au contraire une augmentation de leur libido. Chez des hommes plus âgés, souffrant de

douleurs articulaires, on a noté une diminution voire une disparition de la douleur et un mieux-être, à la suite d'applications de progestérone crème au niveau de leurs articulations.

**Je m'efforce d'être enceinte, la progestérone naturelle peut-elle m'aider ?**

La progestérone joue un rôle crucial dans la reproduction. Tout d'abord, elle prépare l'utérus à l'implantation de l'œuf fécondé. Sans une quantité adéquate de progestérone au sein des muqueuses utérines, la nidation de l'œuf ne se fait pas et il risque d'être expulsé. Par conséquent, si une femme éprouve quelques difficultés à être enceinte, cela peut être tout simplement dû à un déficit de sa sécrétion de progestérone en phase lutéinique, c'est-à-dire après l'ovulation. Dans ce cas, une supplémentation en progestérone naturelle peut s'avérer extrêmement efficace.

**Comment puis-je savoir si je prends correctement la progestérone naturelle, à quelle dose l'utiliser. Dois-je interrompre parfois la supplémentation ?**

Cette question fait l'objet de la méthodologie développée plus loin, mais l'essentiel est de savoir que l'on doit, dans une majorité de cas, après divers essais, obtenir le résultat que l'on souhaite. C'est la réponse de votre corps qui sera la réponse à cette question !

**Je suis déjà postménopausée, ne vais-je pas avoir à nouveau mes règles si j'utilise de la progestérone naturelle, et que dois-je faire si je constate quelques saignements ?**

Occasionnellement, au début d'une utilisation de progestérone naturelle (comme de toute autre progestérone), une femme postménopausée peut avoir quelques saignements, voire même de véritables règles, ce qui signifie que l'organisme répond au traitement et ne doit causer aucune inquiétude. Ce phénomène peut être lié à un reliquat d'œstrogènes présent au niveau de la muqueuse utérine et, en principe, s'atténue très rapidement. S'il devait persister trop longtemps, au-delà de quelques cycles, il serait alors indispensable de consulter un spécialiste.

**Quelle différence y a-t-il entre une progestérone naturelle en crème et en sérum transdermique ?**

Le sérum est une solution généralement dosée à 10 % de progestérone et que l'on administre de façon sublinguale ou sur la peau par passage transcutané. Son but est de faire disparaître plus rapidement certains symptômes sévères. La concentration en progestérone dans une crème est moindre, de l'ordre de 3 à 5 %, et elle est appliquée de façon externe, pour alléger les symptômes, mais sur une période de temps beaucoup plus longue. Parfois, il s'est avéré encore plus efficace d'utiliser conjointement le sérum et la crème pour traiter des symptômes usuels, prémenstruels ou ménopausiques.

1. Anabolisant : qui augmente les synthèses protéiques. Les hormones sexuelles masculines sont des anabolisants.

2. Combinaison avec des protéines.

3. N. Lauersen, *P.M.S. Premenstrual Syndrome and You*, New York Medical College, Valhalla, Simon and Schuster, 1983.

4. John R. Lee, *Progesterone Therapy*, MD.

5. Exemple dans un autre domaine : la teinture mère de colchique (Colchicum TM) est aussi efficace, à moindres dose, risques et effets secondaires, que l'extrait de colchique vendu sous sa forme médicamenteuse pour calmer les crises de gouttes.

6. Les accidents dus aux « plantes chinoises » l'attestent. En fait, c'est d'une véritable éducation du public qu'il faudrait débattre.

7. Voir la conclusion de l'ouvrage.

## Chapitre 5

# La DHEA : qualité de vie contre vieillissement

DHEA, « hormone mère ou mère des hormones » ? Quel point commun peut-on imaginer entre le vieillissement, le cancer, l'infarctus du myocarde, le diabète, l'obésité, l'ostéoporose, la fatigue chronique ?

C'est en 1931 que l'Allemand Adolf Butenandt (Prix Nobel de chimie en 1939) isola chimiquement dans les urines sous sa forme libre la déhydroépiandrostérone ou DHEA. Puis, en 1958, le Français Max Fernand Jayle, professeur de biochimie à la faculté de médecine de Paris, montre la décroissance des taux de DHEA au fur et à mesure du vieillissement. Le professeur Etienne-Emile Baulieu, un de ses élèves les plus proches, découvre en 1960 que la DHEA est sécrétée par les surrénales. Dans les années 70, une série d'études internationales laissent entrevoir les effets potentiels de la DHEA sans qu'aucune action sur l'homme ne soit définitivement prouvée. Enfin, en 1994, le professeur Samuel Yen publie les premiers essais positifs chez l'homme (A. J. Morales, J. J. Nolan, J. C. Nelson, S. S. Yen, « Effects of replacement dose of dehydroepiandrosterone in men and women of advancing age », *J. Clin. Endoctrinol. Metab.*, 1994).

Selon le docteur Whitaker, dans sa lettre mensuelle « Health and Healing », un taux abaissé de DHEA représente le facteur commun à tous ces phénomènes dégénératifs et cette dernière constituerait une approche objective et mesurable de ce que l'on pourrait qualifier aujourd'hui de « Fontaine de jouvence ».

La DHEA, qui est produite par la substance réticulée de nos glandes surrénales, est l'hormone prédominante dans notre corps. Le docteur W. Regelson la nomme « mère des hormones » parce que notre corps la convertit spontanément dans la forme hormonale qui lui convient le mieux, bref, la plus appropriée à son fonctionnement harmonieux, qu'il s'agisse d'œstrogènes, de progestérone, de testostérone ou d'adrénaline.

Les niveaux sanguins de DHEA culminent à l'âge de 20 ans pour décroître ensuite de façon linéaire chez les deux sexes, faisant de celle-ci un spectaculaire « marqueur » de l'âge. Les taux circulants chutent de 5 à 0 % la dernière année de vie et ce déclin s'accompagne des désordres organiques auxquels nous faisions allusion plus haut.

Selon le docteur Deepak Chopra dans son livre best seller *Ageless Body, Timeless Mind*, plus on a de stress, plus le niveau de DHEA dans le sang est abaissé, d'où l'idée d'une supplémentation de cet élément.

Une autre étude réalisée par le docteur Elisabeth Barret-Conner a permis d'observer une réduction de 48 % des maladies cardio-vasculaires et un abaissement de 36 % de la mortalité dans d'autres affections, cela directement en rapport avec l'adjonction d'une prise journalière de DHEA. Elle concluait dans le *New England Journal of Medicine* que la DHEA paraissait protéger préventivement et très tôt de toutes les formes graves de mortalité.

En 1988, une étude fut réalisée à l'hôpital John

Hopkins et portait sur des lapins frappés d'athérosclérose sévère que l'on traitait par une supplémentation en DHEA : on observa une réduction supérieure à 50 % de la taille de la plaque athéromateuse.

De son côté, Arthur Schwartz, chercheur à Temple University de Philadelphie, prouvait que la DHEA bloquait l'enzyme $G_6PD$, l'empêchant de favoriser la division cellulaire cancéreuse et la prolifération des cellules graisseuses. Pour lui, la DHEA s'avérait être un agent fondamental « anti-obesity ». En fait, la DHEA apparaît comme étant la première substance testée en laboratoire susceptible de provoquer une réelle fonte graisseuse, plutôt qu'une perte de poids, due globalement à l'addition de la fonte de tissus musculaires ou de pertes de liquide, cela sans changement des habitudes alimentaires. La DHEA favorise l'élaboration de la masse musculaire, les calories étant simplement converties en chaleur au lieu d'être stockées en graisse.

En janvier 1994, le docteur Robert Atkins affirmait que la DHEA avait toutes les chances de devenir un important traitement du diabète. D'autres études ont démontré les propriétés de ce précurseur hormonal sur la conservation de la masse osseuse chez les femmes ménopausées.

Le docteur Whitaker, constatant l'ensemble des propriétés prouvées de la DHEA et son absence de toute toxicité à faible dose (inférieure à 50 mg par 24 h [1]), affirme qu'il lui est désormais impossible de concevoir son activité de praticien sans cette hormone dans sa thérapeutique journalière.

Le docteur Kennet Bonnet, chercheur au département de psychiatrie à l'université de New York, a rapporté les propriétés exceptionnelles de la DHEA sur les personnes atteintes de troubles de mémoire. Il a rapporté une exceptionnelle amélioration des mécanismes associatifs de la pensée et un accroissement sensible de la mémoire à court ou à long terme.

Aujourd'hui, articles médicaux ou médiatiques se multiplient à une folle cadence. « Trop c'est trop », pourrait-on dire, laissons « du temps au temps » ou aux chercheurs, ce qui serait mieux ; mais il est indubitable que la médecine va connaître un grand bond « vivre plus vieux en restant jeune», (*Le Point* du 1er mars 1997) et ce n'est pas fini !

## Les complexes végétaux, précurseurs de la DHEA

Malheureusement, jusqu'au début 1997, on ne pouvait se procurer de DHEA qu'avec une ordonnance médicale et sous forme de produit de synthèse. Il est évident qu'administré sous cette forme, une partie importante du produit va être détruite dans le tube digestif, d'où la tentation de recourir à des doses plus importantes ou répétitives.

A l'heure actuelle, cette difficulté n'a plus sa raison d'être grâce au développement de produits à « délitement retard » ou spécifiquement enrobés ainsi qu'avec **les complexes végétaux type Proteustérone**. Là encore, il s'agira de complexes naturels élaborés à partir d'espèces choisies dans la famille des dioscoreacés dont les yams mexicains sont issus. Les espèces vont être traitées de façon à constituer un ensemble à délitement spécifique ayant pour but une assimilation progressive susceptible de maintenir un taux sanguin optimal de la substance. Ainsi ont pu être extraits un sérum d'utilisation percutanée [2] et une crème qui ont grandement modifié l'approche que l'on pouvait avoir des phénomènes ménopausiques dans leur ensemble ainsi que celui de certaines disgrâces cutanées liées à l'âge, ou à des surcharges adipeuses. Dans cette dernière indication, ces crèmes ont démontré une activité plus constante, à long terme, par rapport à l'utilisation de crèmes à base d'aminophylline.

Le docteur James Jamieson relate son étonnement devant les réponses obtenues avec l'administration de *Proteustérone Complexe (synergie extractive des yams)* :

– accroissement de l'énergie, diminution de la fatigue physique ;
– amélioration du tonus sexuel ;

– amélioration de la réponse au stress, voire de la résistance à la dépression (effet « antidépresseur like » sans dépersonnalisation secondaire tel qu'on l'observe avec certains antidépresseurs pharmacologiques classiques) ;
– perte de poids régulière, sans fatigue chez l'obèse, indépendamment des modifications d'habitudes alimentaires.

Une de ses patientes ayant dû être hystérectomisée (ablation de l'utérus après découverte d'une lésion à risque évolutif vers un cancer) souffrait de bouffées de chaleur et, compte tenu de la nature de sa lésion, devait totalement renoncer à la prise d'œstrogènes. Après deux semaines d'utilisation du précurseur naturel de DHEA *Proteusterone Complexe*, il constata la disparition totale des bouffées de chaleur et des symptômes à composante dépressive.

Cette forme nouvelle d'utilisation de composés végétaux naturels est aujourd'hui devenue chose aisée. Chacun peut s'en procurer librement. Si l'amélioration peut chez certains sujets être obtenue en quelques jours, les bénéfices à long terme sont, quant à eux, beaucoup plus importants. Nous pouvons à présent tenter de vivre mieux et plus longtemps en repoussant, pour ne pas dire en oubliant, certaines atteintes de l'âge.

## Résumé des propriétés reconnues ou admises de la prise de DHEA

(D'après « DHEA : neurostéroïde, précurseur hormonal », extrait du *Journal de clinique endocrinologique et du métabolisme*.)

**La DHEA :**

– augmente la qualité de vie ;
– repousse les effets du vieillissement ;
– produit une augmentation de l'énergie ;
– améliore la qualité du sommeil ;
– engendre une meilleure réponse au stress (étude comparative groupe).

La DHEA sécrétée par les glandes surrénales atteint des niveaux élevés à l'âge de 21 ans, diminuant de près de 40 % à 40 ans pour n'être plus qu'un souvenir chez les personnes atteignant les 70 ans. Cette perte de DHEA avec l'âge est rapportée à l'enzyme 17/20 desmolase et 17/20 lyase dont la synthèse, réduite à mesure que nous vieillissons, ne peut être réactivée ou remplacée. Ce phénomène est particulièrement évident au niveau de la zone réticulée de la surrénale où est produite la DHEA et peut être observé microscopiquement. Cependant, quelle que puisse être sa cause, la chute du taux de DHEA est partiellement réversible chez l'être humain, et c'est ce qui a conduit à la nouvelle approche par une supplémentation en DHEA permettant de constater :

– **une augmentation des phénomènes de la résistance immunitaire.** L'amélioration des fonctions immunitaires implique un renforcement de la protection contre les infections virales, allant du rhume banal à l'herpès. En outre, elle signifie une revitalisation de toutes les fonctions corporelles. La DHEA a un effet direct stimulant sur les lymphocytes T [3] in vivo et in vitro, par augmentation de la production d'interleukine-2 [4] (IL-2) dans la réaction immunitaire à médiation cellulaire. Un taux abaissé de DHEA a pu être considéré par certains auteurs (James Michaël Howard) comme un facteur de plus grande susceptibilité aux infections virales dont le HIV. De plus, la DHEA peut diminuer l'effet immunosuppresseur de l'hydrocortisone sur les lymphocytes T ;

– **une action antidiabétique**, une tendance à normaliser la glycémie ;

– **un ralentissement de l'évolution de certaines formes de cancer** (association aux autres thérapies spécifiques). Les recherches sur la DHEA, partout dans le monde aujourd'hui, ont suggéré l'existence d'un possible effet antitumoral. Cet effet a été rapporté à un grand nombre de mécanismes biochimiques et tout particulièrement à celui de l'inhibition de la G6PD (glucose-6-phosphate-déhydrogénase) présente dans certains tissus cancéreux. La DHEA pourrait-elle devenir un facteur de prévention dans le cadre de ces maladies ? Il est sans doute trop tôt pour répondre à cette question, ce qui n'empêche pas le docteur Atkins d'écrire dans son ouvrage *Tired of Aging, Health Revolution* qu'il est persuadé qu'une utilisation en continu de DHEA est à ce jour le meilleur garant de la santé et de la longévité ;

– **des propriétés antiathéroscléreuses donc de protection cardio-vasculaire.** Des études cliniques montrent que la prise orale de DHEA sur des périodes de temps variables peut faire baisser le cholestérol sérique total de 18 % en moyenne.

Par ailleurs, la DHEA (1 500 mg/jour, voie orale) administrée à des hommes en bonne santé pendant un mois a entraîné une réduction de 31 % de la masse graisseuse corporelle, sans modification du régime alimentaire ni exercice. Le poids total n'a pas changé de façon significative, ce qui indique une augmentation de la masse musculaire maigre.

Des chercheurs ont découvert une relation inverse entre les niveaux de DHEA dans le sang et le risque d'obésité, d'athérosclérose ou de maladie cardio-vasculaire. En outre, des niveaux plasmatiques bas de DHEA apparaissent dans toutes les causes de décès prématurés d'origine pathologique, et non pas seulement dans le cas des maladies cardio-vasculaires.

La DHEA agit par inhibition de la synthèse des acides gras et du cholestérol. Des études chez l'animal montrent que l'administration de DHEA retarde le vieillissement, ralentit l'obésité et abaisse les taux de cholestérol sanguins. Les niveaux de DHEA diminuant naturellement avec l'âge, l'apport d'un complément va permettre le maintien d'un taux élevé et retarder les effets du vieillissement.

La relation semble être de cause à effet. Des niveaux de DHEA plus faibles entraînent réellement un décès prématuré.

Les niveaux plasmatiques de DHEA baissent approximativement de 6,5 microgrammes par décalitre de sang, pour chaque année de la vie. Les hommes de 70 ans présentent des niveaux de DHEA 80 à 90 % inférieurs à ceux d'hommes âgés d'une vingtaine d'années. Et nous savons que les hommes ayant des niveaux plus élevés de DHEA vivent plus longtemps ;

– **des propriétés sur le système nerveux.** On note une amélioration significative des phénomènes cognitifs. Cela préfigurerait une utilisation possible (en complément) dans la maladie d'Alzheimer et la maladie de Parkinson.
Un autre aspect tout aussi important est celui du traitement de ce qu'il est communément convenu d'appeler la dépression. Songeons aux prescriptions de substances à visées anxiolytiques, hypnotiques et antidépressives. Il a été démontré que l'on retrouvait souvent une diminution de l'activité surrénalienne chez les sujets dépressifs. L'anxiété, syndrome sous-jacent de la dépression, a elle aussi été rapportée à ce dysfonctionnement surrénalien. Or un taux abaissé de DHEA conduit, chez l'adulte, à une diminution de la motivation, des troubles de la mémoire, une relative incapacité à l'effort intellectuel. Ces symptômes peuvent engendrer ou aggraver une dépression. A l'opposé, l'augmentation des taux de DHEA favorise l'atténuation et la disparition de ces symptômes. Le docteur Hedendal confirme que l'administration de précurseurs de DHEA (et/ou chez la femme l'application de *Nugest Yam Serum*) nous conduit à mieux tolérer le stress et nous aide à lutter contre la dépression [5].

**– Autres effets de la DHEA**
On a mis en évidence une amélioration de l'absorption du calcium par la DHEA. Cet effet est vraisemblablement attribuable à son action sur le métabolisme de la vitamine D.
Des études montrent également la relation entre DHEA, le métabolisme des corticoïdes et la diminution de la perte osseuse due à l'ostéoporose.

## La DHEA : un miracle antivieillissement ?

La DHEA serait-elle capable d'assurer à chacun de nous « une vieillesse débarrassée de maux et douleurs » comme l'a décrit Michel Richard dans un article du journal *Le Point* paru en janvier 1995 (n° 1164) ?

« Cette molécule semble apporter un confort sur le plan psychique et physique chez les sujets vieillissants. Il ne s'agit pas de soigner des maladies mais de chercher un effet général sur les douleurs articulaires, les muscles et le cerveau », répond le professeur Baulieu (*Impact Médecin* 670, 10 janvier 1995).

Il a été prouvé que l'administration par voie orale de compléments en DHEA pouvait s'avérer hautement bénéfique. Des femmes en bonne santé recevant de la DHEA la convertissent rapidement en œstrogènes. Il en va de même pour la testostérone dont le niveau sera augmenté.

Un autre des aspects les plus intéressants d'une complémentation en DHEA ou en ses précurseurs est leur effet sur les processus corporels « suractifs » qui sont apparemment réprimés. Ces processus englobent la surproduction d'acides nucléiques, de graisses, d'hormones et de cellules en relation avec le risque tumoral.

Toutefois, il est important de signaler que les effets ne se produisent que si le corps **nécessite naturellement une telle conversion.** C'est la raison pour laquelle les compléments en DHEA ne sont pas toxiques et sont plus sûrs que la prise d'hormones ou de stéroïdes de synthèse et, dans l'attente d'une connaissance parfaite des mécanismes « à long terme », seront de plus en plus prescrits en association avec le produit de synthèse puis comme seul relai.

## DHEA et industrie pharmaceutique

Selon François Giron (dans *Le Point*, janvier 1995, déjà cité) :

« La DHEA est un produit naturel, donc par définition non brevetable. De plus elle est très facile à synthétiser et tout le monde peut le faire. Elle ne coûte pratiquement rien à fabriquer et, par conséquent, rapportera peu si son application reste limitée ».

On comprend donc que vis-à-vis de la DHEA l'industrie pharmaceutique fasse preuve de la même tiédeur que vis-à-vis de bien d'autres substances naturelles comme certains nutriments, qu'il s'agisse d'acides aminés, de minéraux ou de vitamines. C'est tout un système qui est ici en cause : recherche de profit et protectionnisme industriel opposés à la recherche du bien-être, de la santé, de l'équilibre et de la prévention. Espérons cependant, comme le souligne François Giron, que si « la DHEA répond à l'attente (des chercheurs, puis des médecins), elle deviendra intéressante pour tout le monde : elle sera d'abord un médicament de très large emploi comme l'aspirine, et donc fort rentable ».

## A propos de la prégnénolone (PREG)

C'est la dernière venue bien que l'on puisse ici parler de la « mère » de la DHEA et nous ne pouvons passer sous silence la récente nouvelle qui vient d'autoriser la vente libre sur le marché américain de la prégnénolone comme complément nutritionnel.

Bien que cette substance, comme la DHEA de synthèse (et non ses précurseurs), ne puisse pour le moment être obtenue en France sans faire l'objet d'une préparation magistrale pharmaceutique, il nous a paru indispensable d'en dire quelques mots.

La prégnénolone est la grande sœur de la DHEA. C'est une neurohormone ou neurostéroïde que l'on rencontre non seulement dans les surrénales mais également dans les cellules cérébrales et dans la moelle épinière.

La prégnénolone active les neurorécepteurs, aussi bien ceux qui stimulent le cerveau que ceux susceptibles de le calmer. Elle a donc de ce fait un effet stabilisateur sur la mémoire, les émotions, l'humeur, etc.

La prégnénolone accroît l'efficacité de la DHEA et peut être prise dans le même temps. Mais plus encore qu'avec la DHEA, elle offre des avantages inconnus chez sa grande sœur. Alors que la DHEA se convertit directement en œstrogènes et en testostérone, la prégnénolone est convertit directement en progestérone et s'avère, de ce fait, un remarquable supplément chez la femme sensible à l'administration d'œstrogènes ou chez l'homme sensible à une éventuelle transformation de la testostérone en dihydrotestostérone, et chez lequel on n'a pu totalement éliminer le risque d'évolution d'un cancer prostatique.

D'autres propriétés sont constatées en cas de fatigue, de stress, de dépression ; on a noté qu'elle produisait dans le corps humain d'autres substances « hormone like » qui augmentaient remarquablement la résistance au stress et à la fatigue surrénalienne. Dans une étude faite sur des pilotes de l'armée, le docteur E. Roberts a souligné que la prégnénolone était **100 fois plus active que toute autre substance connue pour accroître les capacités de mémoire, de concentration, réduire la fatigue mentale et les sautes d'humeur.** De son côté, le docteur Bruce Miller en sa qualité de neurologiste étudie les effets de la prégnénolone dans la maladie d'Alzheimer – les résultats seraient plus que prometteurs. (Attendons, espérons !)

Comme toutes les hormones stéroïdiennes, le taux de prégnénolone diminue avec l'âge, d'où l'idée d'une supplémentation prudente et non toxique. Comme l'avait souligné le professeur Beaulieu en ce qui concerne la DHEA, considérant qu'en l'état actuel de nos connaissances une supplémentation de l'ordre de 50 mg/24 h paraissait n'entraîner aucun désagrément, les auteurs américains estiment aujourd'hui que la prise quotidienne utile est de l'ordre de 30 mg/24 h mais qu'elle peut être augmentée, après deux mois, jusqu'à 60 mg voire 100 mg dans certains cas.

## Témoignage sur la DHEA

L'expérience personnelle du docteur Hedendal est assez révélatrice. Il écrit : « Depuis vingt-six ans, je prends des suppléments nutritionnels tout en menant une vie saine. J'ai ajouté à ma nutrition quotidienne des **précurseurs de DHEA.** Après environ trois semaines, j'ai ressenti un bien-être intense et une joie de vivre qui m'était inconnue auparavant. De plus mon endurance au tennis de compétition où il me fallait un à deux jours pour récupérer me permet aujourd'hui de reprendre un nouveau match après seulement quelques heures d'arrêt. »

« J'ai également remarqué une diminution de mon besoin de sommeil et un nouvel équilibre face aux situations de stress. Même mes cheveux ont gagné en épaisseur (amélioration de la circulation sanguine au niveau du cuir chevelu ?) et mon taux de DHEA est à nouveau normalisé avec la seule prise d'un complexe naturel de yam.

« Il ne fait pas de doute que ce complexe contribue à une meilleure utilisation de ma propre DHEA naturelle en rétablissant son taux normal et cela grâce à la relance de ma propre production d'hormones surrénaliennes. Je crois donc fermement aujourd'hui, au travers de l'observation de mes patients ainsi que de ma propre expérience, que notre corps possède une sorte de « sagesse innée » et qu'il sait à quel moment il convient de convertir ce précurseur hormonal en hormone fonctionnelle. Il y a là comme une espèce d'intelligence automatique spécifique destinée à contrôler et à coordonner les fonctions des trillions de cellules responsables du fonctionnement harmonieux de notre corps. »

Notons que les scientifiques reconnaissent aujourd'hui l'existence de cette intelligence innée de notre corps, même s'ils ne sont pas en mesure d'en expliquer l'origine et tous les mécanismes.

## Quelques questions à propos de la DHEA

**Quelle est la dose de DHEA que je dois choisir pour mon usage personnel ?**

L'utilisation de précurseurs de la DHEA est en soi une réponse à cette question car le corps va utiliser, transformer et métaboliser les doses de précurseurs qui lui sont nécessaires. S'il n'en a pas besoin il ignorera le précurseur. L'utilisation d'un complexe naturel de yam est le meilleur garant contre tout risque hypothétique de surdosage. On le conseille en supplémentation continue à la dose de 2 à 4 comprimés par jour, matin et soir, mais on peut en prendre beaucoup plus sans crainte de surdosage ou d'effets secondaires.

Il faut clairement avoir à l'esprit que la DHEA est une « hormone mère » donc sans effets pharmacologiques propres. Aux doses physiologiques telles que ses précurseurs peuvent nous les fournir, elle agit avant tout comme **source** de production de nombreuses autres hormones.

**Les précurseurs naturels de la DHEA augmentent-ils les taux circulants de DHEA, dans le sang, les urines ou la salive ?**

Des dosages effectués par différents laboratoires ont montré une élévation moyenne de 15 à 20 %, atteignant parfois 30 à 35 % et souvent beaucoup plus (docteur Neecié Moore).

Des études plus approfondies tentent aujourd'hui d'établir la relation entre les taux de DHEA, de progestérone et de testostérone dans le sang, l'urine et la salive (dosages plus précis pour la détermination de la DHEA « libre », résultat d'une supplémentation en précurseurs naturels sur une période de trois à six mois).

**Quelle est la forme la plus active d'administration de DHEA ?**

Toute surcharge en DHEA de synthèse (doses supérieures à 100 à 200 mg/24 h) peut affaiblir les glandes surrénales par

un effet comparable, quoique de moindre intensité, à celui engendré par la cortisone.
Avec les précurseurs extraits des différentes espèces de yam, étudiées et identifiées, ce risque n'est plus à craindre. Un grand pas a été franchi avec la découverte de phytogénines, de peptides et d'enzymes extraits du yam qui miment étroitement, nous dirons « à s'y méprendre », les effets de la DHEA dans l'organisme. Grâce au procédé d'enrobage et de libération spécifique, la supplémentation est efficace et prolongée.

**Les suppléments en DHEA ou leurs précurseurs ont-ils une action sur le désir sexuel et la sexualité ?**
Non seulement la supplémentation en DHEA ralentit le vieillissement mais elle possède également la particularité à travers notre chemin personnel biologique de conduire soit aux œstrogènes chez la femme, soit à la testostérone chez l'homme, rapprochant nos taux de ceux d'un sujet plus jeune. La normalisation ou l'accroissement du désir sexuel semble une constante lors de ces supplémentations. Ce n'est pas toujours admis dans le cas d'une supplémentation en DHEA de synthèse.

**Est-il vrai qu'une femme ayant reçu des hormones de synthèse (œstrogènes et/ou progestatifs) pendant une longue durée puisse les abandonner et les remplacer par de la DHEA ou ses précurseurs naturels ?**
Oui, car ces derniers sont en mesure d'augmenter les taux d'œstrogènes et de progestérone sécrété. L'expérience de certains praticiens que nous avons rencontrés ou cités a montré que leurs patientes avaient pu, en toute sécurité, éviter les effets négatifs des hormones de synthèse, et obtenir grâce aux précurseurs de meilleurs résultats sur les bouffées de chaleur, le SPM, l'ostéoporose et la prévention des maladies cardiovasculaires, tout en constatant par ailleurs un accroissement de leur forme et de leur libido.
Certes ce n'est probablement pas l'avis des laboratoires phar-

maceutiques fabricant les hormones de synthèse. Les expériences cliniques de nombreux praticiens de spécialités souvent différentes ne peuvent cependant pas être systématiquement mises en doute.
L'avenir, l'expérience, les résultats et le vécu de nombreuses patientes permettront, nous l'espérons, de trancher.

1. Dans une interview donnée au *Quotidien du médecin* à Vincent Bargoin (n° 5550, du 12 janvier 1995), le professeur Baulieu confirme : « Les taux sécrétés par des individus jeunes vont de 15 à 30 mg/j. Compte tenu de la déperdition inhérente à la voie orale, 50 mg/j me semble être une dose à ne pas dépasser. »
2. De nombreuses substances sont aujourd'hui utilisées de cette façon qui préserve le fonctionnement hépatique. C'est notamment le cas de la plupart des hormones préconisées en médecine humaine.
3. Les lymphocytes : catégorie particulière de globules blancs impliqués dans les réactions immunitaires et la défense anti-rides.
4. Les interleukines sont des médiateurs chimiques de la réaction immunitaire.
5. Sans risque de « dépersonnalisation secondaire » tel qu'on l'observe avec certains antidépreseurs pharmacologiques classiques.

# Chapitre 6
# Quelques applications des hormones naturelles

## Hormones naturelles et syndrome prémenstruel

L'excellent ouvrage de Karen Vago paru aux Editions Albin Michel, *Vaincre le syndrome prémenstruel, en pleine forme 28 jours sur 28,* traite très complètement de cette question et nous ne pouvons que vous en conseiller la lecture. Pour notre part, nous avons une expérience clinique et pharmacologique de ces problèmes qui remonte à plus de vingt années.

Plus de 80 % des femmes souffrent de ce que l'on appelle généralement un syndrome prémenstruel (SPM ou PMS, si on prend les initiales de l'anglais : *premenstrual syndrome*). Plus de deux tiers de ces femmes présentent dans les dix à quinze jours qui précèdent l'apparition de leurs règles :
– tension et douleurs dans les deux seins, augmentation du volume mammaire avec mastose (inflammation du tissu mammaire), apparition et/ou augmentation de volume des nodules présents au cours des autres phases du cycle ;

– prise de poids localisée au bas ventre et aux cuisses accompagnée d'une sensation de gonflement de tout le corps ;
– problèmes caractériels à type d'irritabilité, instabilité de l'humeur, angoisse, insomnies.

Un tiers présente de plus des symptômes de dépression, avec envies de pleurer, diminution de la mémoire et maux de tête avec vertiges et faiblesses. Ces symptômes peuvent précéder les règles puis se prolonger pendant et après.

L'explication neurophysiologique du SPM est complexe et beaucoup mieux décrite dans les pays anglo-saxons qu'en France.

On peut cependant la schématiser par :
– une augmentation quantitative et relative des œstrogènes en deuxième moitié de cycle par rapport à la progestérone. Le traitement médical classique du SPM consiste donc à administrer en deuxième partie de cycle des progestatifs. Cette thérapeutique n'est pas toujours sans inconvénients ni sans effets secondaires et c'est là que la supériorité de la supplémentation nutritionnelle associée aux extraits naturels de yam (sérum ou crème) peut être significative tant pour son efficacité que son innocuité.

Cette augmentation relative des œstrogènes entraîne à son tour :
- une augmentation de l'aldostérone (hormone sécrétée par la surrénale) qui explique la prise de poids, les œdèmes par rétention hydrique et salée, parfois l'hypertension artérielle ;
- une augmentation de la prolactine (hormone hypophysaire impliquée dans le phénomène de lactation) qui augmente le volume et la tension mammaires ;
- une diminution de la sécrétion de dopamine (neurotransmetteur) antidépressive aux dépens de la sérotonine d'où la survenue de symptômes psychiques et maux de tête avec envies de dormir.

D'autres perturbations sont entraînées par cette triple rupture de l'équilibre hormonal : chute des taux de magnésium, de zinc et de tryptophane, et bascule de l'équilibre du métabolisme des prostaglandines au profit de l'entretien de l'inflammation mastosique.

**Les mesures diététiques et nutritionnelles** sont simples, bien tolérées et très souvent efficaces. En Angleterre, l'expérience du « Premenstrual Tension Advisory Service » sur plus de 50 000 femmes a permis de vérifier la constance de l'impact positif et des résultats de la correction de l'équilibre diététique que nous rappelons brièvement ici :
– diminution de la consommation de sucres raffinés à index glycémique élevé, des graisses animales saturées (beurre, fromages gras, pâtisseries, viennoiseries), des viandes et volailles risquant de contenir des hormones, des boissons contenant de la caféine, des aliments salés (sel, sauces, bière, conserves, levures en poudre, etc.) ;
– augmentation des apports en sucres à index glycémique lent (céréales, fruits secs, légumineuses...), des fibres, des acides gras d'origine végétale mono- (huile d'olive) et poly-insaturés (colza, noix, soja).

**La supplémentation nutritionnelle** peut être nécessaire en totalité ou en partie, et tout au long du cycle ou seulement les dix à vingt derniers jours précédant les règles ; on peut donc renforcer l'efficacité de la seule diététique en proposant la prise des nutriments suivants :
– vitamine E (d-alpha-tocopherol), 200 à 400 UI/j ;
– acide dihommogammalinoléique, capsules d'huile d'onagre à 500 mg à raison de 3 à 8 par jour car, en plus de son activité métabolique propre et plutôt anti-inflammatoire, l'huile d'onagre présente une activité « antiprolactine » agissant directement sur le volume et la tension mammaires ;
– vitamine B6 (pyridoxine), 50 à 100 mg/j, qui augmente la conversion hépatique des œstrogènes, a un effet anti-œdème, antifatigue et antidépressif.

On peut aussi avoir recours :
– aux acides aminés soufrés et substances lipotropes (méthio-

nine, bétaïne, inositol, choline) afin d'augmenter au niveau de la cellule hépatique la dégradation des œstrogènes ;
– au magnésium, 300 à 600 mg/j, sous forme de citrate ou d'aspartates, qui exerce de plus une action de régulation sur l'équilibre neurovégétatif ;
– à la vitamine A (rétinol), 25 000 à 50 000 UI/j, qui améliore la balance œstrogènes/progestérone et présente un effet antistress mais des doses journalières supérieures à 25 000 UI ne doivent pas être prises de façon prolongée ou par des femmes risquant d'être enceintes ;
– au zinc, souvent nécessaire, ce que confirment les analyses biologiques. Il complète l'action de la vitamine B6 et de l'huile d'onagre ;
– à certains acides aminés comme la L-tyrosine et la L-phénylalanine ayant parfois des actions spectaculaires sur le tonus et l'humeur lorsque le SPM s'accompagne de tendance dépressive. Cette tendance peut être en relation avec une hypothyroïdie relative et frustre (le dosage sanguin de ces hormones peut être parfaitement normal !) et être améliorée par une supplémentation en iode (utilisation de sel non raffiné, d'algues dans l'alimentation).

Il est à noter que les acides aminés tyrosine et phénylalanine sont des précurseurs des hormones thyroïdiennes et que leur administration, sous forme de suppléments, peut donc, dans certaines circonstances, permettre de mieux régler les problèmes de la dépression, de la fatigue et de la prise de poids. Il faut, en plus de l'iode, penser au zinc, et même au fer qui est nécessaire à la synthèse de l'hormone thyroïdienne et savoir que certains troubles hépatiques (alcoolisme, intoxications, maladies infectieuses du foie) peuvent empêcher la conversion de l'hormone thyroïdienne T4 en hormone thyroïdienne T3 et donc induire ou aggraver ce type d'hypothyroïdie.

Les supplémentations en vitamines B sont souvent bien ressenties, en particulier B3 (niacine), B5 (acide pantothénique), B9 (acide folique) et B12 (cobalamine). L'acide folique est plus particulièrement recommandé lorsque l'on observe des signes de sub-dépression (pleurs, tristesse, mélancolie) dans les jours précédant les règles.

Localement, sur la poitrine, on peut utiliser l'huile de vitamine E et le silicium (compresses de Conjonctyl®).

Les veinotoniques et les anti-inflammatoires naturels (Extranase®) sont souvent très utiles. Les extraits de gingko biloba, les complexes phytothérapiques contenant du marron d'inde, du petit houx, du cassis, des vitamines C et surtout des flavonoïdes améliorent la circulation veineuse, diminuent l'œdème et décongestionnent aussi bien la poitrine que le pelvis. D'autres extraits phytothérapiques (lierre, fucus, piloselle) peuvent augmenter l'élimination urinaire et freiner la prise de poids avant les règles.

Certains médicaments homéopathiques peuvent rendre de grands services dans cette indication : les dilutions de *Folliculinum* en 9 ou 15 CH, une à deux fois par semaine, des remèdes comme *Lachesis*, *Actea Racemosa* en 15 ou 30 CH avant les règles peuvent considérablement diminuer la congestion prémenstruelle et la douleur des règles. D'autres comme *Magnesia Phos* ou *Colocynthis* la douleur abdominale, et *Sepia* chassera bon nombre de signes de dépression. D'autres comme *China*, *Sabina*, *Millefolium* ou *Phosphorus* agiront sur l'importance et la fréquence de l'hémorragie, par l'intermédiaire des facteurs de coagulation et du métabolisme hépatique.

Il ne faut pas oublier que bon nombre de femmes ayant des hémorragies chroniques finissent par avoir un stock cellulaire de fer très bas. Ces femmes deviennent fortement carencées et cette carence peut devenir la principale origine de syndromes dépressifs ou de grandes fatigues survenant d'abord après les règles avant de devenir permanents.

**Dans son ouvrage sur la progestérone naturelle, Lee mentionne les travaux du docteur Joel T. Hargrove de l'université de Vanderbilt. Ce dernier a obtenu 90 % de succès dans le traitement du SPM avec la progestérone**

**naturelle.** Nous confirmons ce fait et ajoutons que le traitement par voie percutanée grâce au sérum de wild yam ou à la crème est encore plus efficace et surtout ne requiert que deux applications quotidiennes alors que les prises orales doivent être souvent de quatre fois par jour.

## Hormones naturelles et ménopause

Nous espérons que rendu à ce chapitre du livre, le lecteur aura compris les raisons de nos préférences pour les hormones naturelles dans le cadre de la prévention et du traitement seul ou associé de certaines affections. Nous espérons qu'il aura également compris que, dans notre esprit, la prise d'hormones naturelles devait être le plus précocement possible associée à un certain nombre de mesures et à une prise en charge personnelles portant en particulier sur la nutrition et la supplémentation nutritionnelle des troubles gynécologiques et du déséquilibre hormonal.

Pourquoi choisir des solutions dont les risques et les effets secondaires, qu'il ne faut certes pas exagérer, ne sont pas négligeables alors qu'il en existe a priori d'autres aux risques très inférieurs voire inexistants ? Nous ne voyons pas d'autre réponse que l'absence d'information et la méconnaissance de ces trésors que la nature met à notre disposition.

**Dès les premiers signes de déséquilibre hormonal et en particulier de chute des taux de progestérone qui va initier ce déséquilibre au profit des œstrogènes, il faudrait théoriquement commencer la supplémentation en progestérone naturelle.** Cette déficience hormonale nommée de façon malhabile « préménopause » peut survenir entre trente et quarante ans. Elle peut exister de façon bien plus précoce dans le cadre de pathologies que nous allons voir. Elle devrait de toutes façons être corrigée le plus naturellement et le plus physiologiquement possible.

Et les œstrogènes dans tout cela ? Nous avons vu précédemment leurs vertus et leurs risques potentiels. Cela veut-il dire que la médecine, les médecins et les patientes devraient les oublier ? Certainement pas car même si l'utilisation précoce et bien conduite de la progestérone naturelle répond à la majeure partie des besoins et même si l'utilisation des œstrogènes est à notre avis excessive, il reste des situations où ils sont nécessaires, mais alors à des doses souvent inférieures à celles classiquement recommandées. Il ne faut d'ailleurs pas oublier que la prise de progestérone augmente la sensibilité des récepteurs cellulaires aux œstrogènes.

Même si elles ne sont pas en majorité, il existe des femmes qui passent toute leur vie en climat hormonal d'insuffisance œstrogénique. En ménopause et en préménopause cette situation risque de s'aggraver. Ce sont des femmes qui vont devenir très fatigables et qui tendent vers un état dépressif lié à la déficience relative en œstrogène que les médecins connaissent bien.

Voyons les caractéristiques permettant de les reconnaître :
– silhouette plutôt menue ;
– peau et cheveux plutôt gras ;
– pilosité normale ou plus développée que la moyenne ;
– poitrine peu importante, souvent ptosée (tombante) sans nodosités ;
– absence de syndrome prémenstruel (SPM), de troubles cycliques ;
– jamais de règles douloureuses ;
– règles courtes et peu abondantes (mais l'abondance des règles peut être influencée par beaucoup d'autres facteurs, tels des facteurs hépatiques modifiant la coagulation) ;
– glaire cervicale peu abondante.

Si vous vous reconnaissez dans cette typologie, et en particulier, si à partir d'un certain âge les signes décrits ci-dessus apparaissent ou s'aggravent, il ne faudra pas hésiter à prendre de faibles doses d'œstrogènes pendant les vingt premiers jours du cycle. N'oubliez cependant jamais d'associer ce traitement à de faibles doses de progestérone ou mieux à la progestérone naturelle, même si on vous a dit que vous étiez dans un climat « progestéronique déficient », ce afin de contrebalancer les éventuels effets secondaires et risques des œstrogènes.

Notre préférence va vers les voies d'administration percutanées et en particulier le gel composé en majeure partie d'estriol ou un gel classique qui permettent de doser précisément le produit.

Dans ce cadre d'insuffisance œstrogénique, la supplémentation en folates (vitamine B9), en vitamine E et en zinc peut également contribuer aux effets positifs. Il sera parfois nécessaire d'associer des préparations œstrogéniques vaginales pour avoir un effet sur la sécheresse vaginale. C'est en effet ce symptôme clé qui, rendant leurs relations sexuelles très douloureuses, va conduire ces femmes à consulter. La dépression et la fatigabilité sont le second symptôme. Il ne faut pas, dans ce cas, négliger de contrôler le métabolisme hormonal thyroïdien et surrénalien qui peuvent être également déficitaires.

Il existe également des alternatives « naturelles et végétales » à la prise d'œstrogènes. Ce sont des plantes contenant des phyto-œstrogènes, c'est-à-dire des substances ayant des formules chimiques semblables à celles des œstrogènes On peut citer le *dong quai*, une racine d'origine chinoise, et plus près de nous le fenouil, la sauge, la réglisse, l'anis, l'alfalfa (ou luzerne cultivée) et le soja. Il faut cependant savoir et comprendre que ces plantes ont une activité biologique et hormonale évaluée à des centaines de fois inférieure à celle des œstrogènes et qu'elles ne peuvent donc pas se substituer systématiquement à ces derniers.

En situation de métabolisme surrénalien déficitaire, la prise de DHEA (voir chapitres précédents) peut être une bonne alternative à la prise d'hormones surrénaliennes (glucocorticoïdes, cortisone naturelle) ou constituer un relai.

## Hormones naturelles contre ostéoporose

Le wild yam s'est avéré particulièrement utile chez les femmes dont la production de progestérone avait chuté naturellement durant la ménopause. Il agit en préventif et freine l'ostéoporose même sévère chez la femme ménopausée lorsque son organisme cesse de produire de la progestérone. Le docteur Lee a traité plus de cent femmes ménopausées avec diminution de taille par tassement vertébral (signe d'ostéoporose), nombre d'entre elles présentant par ailleurs une ou plusieurs fractures. Dans son étude rapportée dans l'*International Clinical Nutrition Revue*, en juillet 1990, Lee a utilisé des tests de densité osseuse afin de mesurer l'efficacité de la progestérone naturelle. Il constata un accroissement de la densité osseuse d'un minimum de 10 % dans les six premiers mois et, par la suite, d'un minimum de 3 à 5 % par année jusqu'à atteindre le niveau d'une femme adulte de 35 ans. Le taux de probabilité d'apparition de nouvelles fractures fut, quant à lui, ramené à 0.

**Le docteur Lee a conclu que l'ostéoporose, grâce à l'administration d'extraits de yam, n'était pas un phénomène irréversible et, mieux encore, que la prise régulière de ces extraits ne présentait aucun danger ni effet secondaire.**

Pour comprendre l'importance de l'équilibre hormonal dans le maintien de la masse et de la solidité osseuse, il faut savoir que le métabolisme osseux dépend du fonctionnement de deux lignées cellulaires : les ostéoblastes et les ostéoclastes. En dehors de ces cellules le squelette est formé d'une substance collagénique, la substance ostéoïdale, dont la minéralisation doit être maintenue par les apports nutritionnels que nous avons décrits.

Chez l'adulte, les ostéoblastes produisent constamment de la substance osseuse nouvelle alors que les ostéoclastes détruisent et éliminent la substance osseuse usée qui ne peut plus convenir. On comprend donc que la résultante de ces deux mécanismes soit à la base d'une physiologie osseuse normale. En période de croissance et ce jusqu'à environ l'âge de trente ans, les ostéoblastes dominent ce qui explique la tendance à l'accroissement de la masse osseuse et de la taille. A partir de la trentaine (mais il existe des variations génétiques spécifiques) la masse osseuse décroît environ de 1 % par an et le processus s'accélère en période préménopausique et ménopausique pour se ralentir par la suite. C'est ainsi que l'on risque de s'acheminer vers l'ostéoporose.

Manogolas SC et ses collaborateurs [1] ont démontré que la baisse des taux d'œstrogènes stimule la production d'interleukine 6 qui, elle-même, stimule l'activité des ostéoclastes et donc la résorption osseuse. De plus, il ne semble pas y avoir de récepteurs aux œstrogènes dans les ostéoblastes. Cette observation serait l'explication du fait que la seule supplémentation en œstrogènes n'accroît pas la masse osseuse mais retarde l'ostéoporose pré- et postménopausique qui reprend son cours dès que la supplémentation œstrogénique est arrêtée. D'autres auteurs comme Prior [2] ont montré que les ostéoblastes avaient des récepteurs à la progestérone.

**Le docteur John R. Lee, qui met parfaitement en exergue ces mécanismes dans son livre *Natural Progesterone*, constate au passage que si « l'hypothèse œstrogénique de l'ostéoporose » était la seule vérité, il n'y aurait aucune raison pour que la masse osseuse commence à décroître sensiblement dès la trentaine.** Or, les taux d'œstrogènes sont en général beaucoup moins effondrés que ce que l'on avait l'habitude de croire et l'essentiel des signes et symptômes que l'on observait, aussi bien en période préménopausique qu'en période ménopausique ou prémenstruelle, est plus la résultante d'une rupture de la balance œstrogènes/progestérone et ce au profit des œstrogènes. **Il suffit d'ailleurs pour s'en convaincre d'essayer les supplémentations en progestérone naturelle.** Elles ont, comme nous l'avons vu, les mêmes effets positifs sur les symptômes de la préménopause (bouffées de chaleur) sans avoir et de loin les mêmes inconvénients et risques que les œstrogènes.

Certains auteurs également cités par Lee ont même observé une légère augmentation de la masse osseuse sous l'effet de l'administration de progestatifs de synthèse et d'autres plus classiquement sous l'effet du THS combinant œstrogènes et progestatifs.

Lee confirme, sur une série de 63 patientes, traitées pendant trois ans, la différence significative quant à l'augmentation de la masse osseuse entre le groupe traité par la progestérone naturelle, le groupe traité par les seuls œstrogènes et le groupe témoin, non traité. C'est ce qu'indique très clairement le schéma ci-dessous, tiré de son livre (op. cit. p. 58).

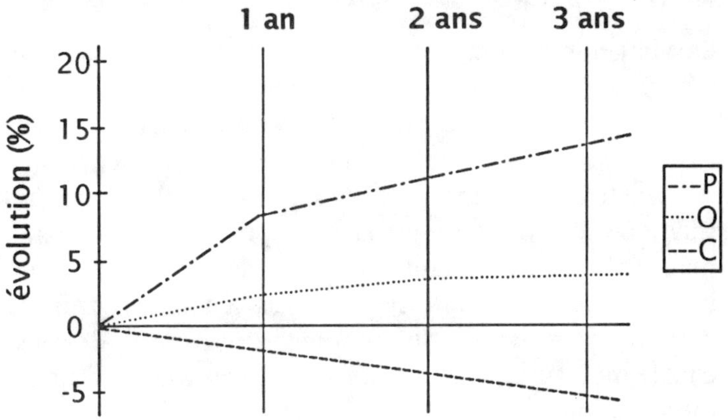


**Evolution de la densité osseuse**
- P, progestérone seule
- O, traitement œstrogénique
- C, contrôle, pas de substitution du tout

Le docteur Lee souligne que ce sont les patientes qui avaient au départ la densité osseuse la plus basse qui ont exprimé la meilleure réponse à la progestérone naturelle, qu'il n'y eut pas de différences entre les patientes de moins de 70 ans et celles de plus de 70 ans, et surtout que ce sont les patientes les plus âgées (au-delà de 80 ans) sous progestérone naturelle qui ont conservé la meilleure densité osseuse.

**Il conclut, comme nous concluons nous-mêmes, que ce n'est pas l'âge ni la carence en œstrogènes qui sont les facteurs principaux de l'ostéoporose mais :**
**– une mauvaise nutrition (ou supplémentation nutritionnelle),**
**– un manque d'exercice et une trop grande sédentarité,**
**– une déficience en progestérone.**

## Hormones naturelles et maladies de la femme

La vie génitale féminine est ponctuée d'affections, souvent bénignes mais gênantes, parfois plus organiques, que malheureusement, on se contente de traiter lorsqu'elles sont installées sans essayer de tenter une stratégie de prévention.

Certes les efforts de prise en charge ou les mesures à suivre ne sont pas toujours faciles à proposer ou à entendre, mais un clinicien un tant soit peu curieux et observateur de la physiologie féminine ne peut pas ignorer les trois faits marquants et significatifs que nous décrivons ci-dessous et encore moins n'en tirer aucune conséquence dans sa stratégie thérapeutique.

– Il y a toujours un déséquilibre hormonal, plus ou moins permanent, dans une maladie gynécologique, quelle qu'elle soit. Qu'il s'agisse d'infections dont la nature et la gravité peuvent être très variables, de troubles des règles quant à leur durée, leur importance et bien entendu leur cortège de signes accompagnateurs, de maladies des ovaires, des seins, des trompes, de l'utérus, etc.

– Les femmes qui ont pris pendant de longues périodes des contraceptions hormonales deviennent plus sensibles et plus réceptrices à ces maladies.

– Le déséquilibre hormonal et ses « maladies d'accompagnement » sont souvent en relation avec un déséquilibre nutritionnel qui, s'il est corrigé, va améliorer très sensiblement la santé.

Ainsi, si la prise de pilule contraceptive est contemporaine de maladies infectieuses, ces dernières peuvent être grandement atténuées par des conseils alimentaires et diététiques incluant la restriction calorique globale, la restriction en graisses saturées d'origine animale (produits laitiers, viandes grasses, viennoiseries, etc.) et une supplémentation en zinc, magnésium, vitamines C, B6, B9, E, parfois en fer. Il ne faut jamais oublier que les prises répétées d'antibiotiques génèrent souvent des mycoses (infections à champignons) qui ne sont pas toujours limitées au territoire vaginal et que la prise de « probiotiques », c'est-à-dire de préparations contenant des ferments type *acidophilus,* contribuera à terme à relever l'immunité locale mais également l'immunité intestinale, générale et locale.

Voyons quelques affections gynécologiques.

**Les infections du pelvis, vaginites, annexites, etc.**

Ainsi que nous venons de le souligner, elles apparaissent plus souvent chez les femmes ayant réalisé de longues périodes de contraception. L'explication ne réside pas seulement dans le déséquilibre général, parfois hépatique et lipidique, mais aussi dans le fait que la contraception au long cours peut altérer le fonctionnement ovarien, réduire la sécrétion naturelle en œstrogènes et affecter de ce fait la qualité de la glaire cervicale qui joue un rôle trophique de défense sur les muqueuses vaginales.

De même les progestatifs de synthèse inhibent la sécrétion de progestérone naturelle. Avec l'âge ces phénomènes risquent de s'accentuer. Il est donc capital de savoir arrêter une contraception pour traiter une infection récidivante du pelvis et comprendre que l'infection haute (ovaires, trompes) a souvent comme point de départ et d'entretien une infection plus basse (vaginale) pour laquelle les traitements (antibiotiques) seront plus ou moins inefficaces si la défense de la muqueuse est mal assurée.

Une fois la contraception arrêtée, le déséquilibre alimentaire et nutritionnel corrigé, il ne faudra pas hésiter à appliquer sur la peau la progestérone naturelle sous forme de sérum ou crème pendant les vingt derniers jours du cycle. Il n'est pas toujours nécessaire d'ajouter des œstrogènes, la progestérone naturelle augmentant la réceptivité des récepteurs aux œstrogènes ; bien qu'à faibles doses ces derniers soient parfois utiles sous réserve de non contre-indication. Il est bien entendu capital de se souvenir que cette stratégie d'aide à la prévention des infections n'est en rien contraceptive et qu'il convient donc d'assurer la contraception par d'autres moyens.

**Les infections urinaires à répétition**

Tout ce qui vient d'être dit s'applique également au délicat problème des infections urinaires à répétition. Climat immunitaire et climat hormonal sont souvent les mêmes et, de plus, l'infection vaginale peut se transmettre au tractus urinaire par les uretères puis à la vessie et plus haut vers le rein. L'infection intestinale peut également être transmise au tractus urinaire et génital. Les mesures de protection seront les mêmes que précédemment avec cependant une attention toute spéciale pour l'usage et surtout le sens de passage du papier hygiénique.

**Les kystes fonctionnels des ovaires**

Ce sont des images kystiques bien visibles en échographie, qui suivent le rythme du cycle et très souvent augmentent de volume en dernière partie de cycle alors que, parfois, on ne les retrouve plus en première partie. Ils sont très souvent douloureux et bien entendu inquiètent toute femme atteinte de cette affection, craignant même sans l'avouer d'avoir « un jour un cancer » ce qui n'est pas, heureusement, fréquent dans ce cadre.

En fait cette affection nous ramène au syndrome prémenstruel (SPM) avec des symptômes semblables, et une palpation manuelle des kystes qui sera confirmée par l'imagerie échographique. Le climat hormonal est semblable à celui du SPM et **l'application de progestérone naturelle sous forme de sérum de wild yam du cinquième ou dixième jour au vingt-cinquième jour du cycle résoudra très vite ce problème mieux que tout autre procédé.**

On conseille également, pendant la même période, la prise de veinotoniques à base de ruscus, de gingko ou de marron d'Inde, la prise de magnésium, la consommation d'huile d'onagre et la supplémentation nutritionnelle en flavonoïdes naturels.

**Fibromes, myomes, utérus fibromateux et fibromes du tissu mammaire**

Ce sont des tumeurs bénignes encore appelées myomes qui se développent au sein de la muqueuse utérine ou mammaire chez un grand nombre de femmes et à tout âge. Elles peuvent être uniques, multiples et de grosseur très variable, d'un petit œuf à un pamplemousse (utérus). Leur risque de dégénérescence en cancer est quasiment nul.

Les traitements médicaux et même la prise de progestatifs de synthèse ne donnent que des résultats inconstants et médiocres et ces fibromes sont souvent à l'origine d'interventions chirurgicales répétitives qui ne sont jamais anodines. Dans l'utérus, lorsqu'ils sont récidivants, que l'on avance en âge et qu'il n'y a plus de désirs de procréation, ils conduisent à l'hystérectomie, c'est-à-dire l'ablation de l'utérus, qui ne devrait être proposée que lorsqu'il n'y a aucun autre moyen de résoudre le problème, ou que l'inconfort, les pertes sanguines ou le risque de transformation maligne (non pas du fibrome lui-même, mais masqué par le fibrome, dans une muqueuse remaniée) deviennent trop importants.

Au niveau mammaire ils sont la source d'une inquiétude constante pouvant également conduire à des interventions chirurgicales répétées.

Ces fibromes surviennent dans le cadre **d'un climat hormonal de relative déficience en progestérone**, ce qui peut être facilement vérifié par des dosages hormonaux en seconde partie de cycle. Ils s'accompagnent souvent de cycles anovulatoires et s'aggravent au fur et à mesure que l'on avance en âge. De même s'accentuent des symptômes semblables à ceux du SPM avec une tendance à la prise de poids.

**Nous avons été frappés par les résultats obtenus à la suite d'applications percutanées et biquotidiennes de sérum de wild yam entre le cinquième et le vingt-cinquième jour du cycle.**

Certes, les fibromes ne fondent pas comme « neige au soleil » mais ils cessent de croître et de se multiplier. Il ne faut pas hésiter, si besoin, à augmenter graduellement les doses ou les durées de supplémentation par cycle et à les accompagner des mesures de supplémentation nutritionnelle que nous avons mentionnées.

Au moment de la ménopause, lorsque la déficience hormonale s'installe, les fibromes tendent naturellement à diminuer ou même à disparaître ce qui n'est plus le cas lorsque l'on suit un traitement de substitution classique (THS) avec œstrogènes et progestatifs de synthèse.

Sur ce point précis la consommation de progestérone naturelle est donc une alternative riquant de donner, à terme, des résultats supérieurs à ceux du traitement classique.

**Endométriose**

C'est une maladie plus rare, d'origine inconnue, où le tissu de la muqueuse utérine (endomètre) tend à proliférer et à envahir les organes de voisinage. Cet envahissement est à l'origine de douleurs souvent très importantes au moment des règles qui ont un aspect de sang noir ou chocolaté.

Le traitement classique consiste en une supplémentation

hormonale en œstrogènes et progestatifs de synthèse du même type que celle proposée pour la ménopause. Le traitement chirurgical tente d'enlever les parties visibles de tissu proliférant mais il n'évite pas les récidives.

Le docteur Lee indique dans son ouvrage *Natural Progesterone* qu'il a eu, pour des raisons tout à fait inconnues, nombre de succès dans des affections de ce type avec la seule progestérone naturelle en doses croissantes en première partie du cycle, alors même que le traitement classique de substitution n'avait pas eu de résultats.

Il augmente les doses jusqu'à ce que les douleurs s'amenuisent, maintient ces doses « en plateau » pendant trois à cinq années puis les réduit progressivement. C'est une propositon qui mérite certainement d'être vérifiée, d'autant qu'elle est tout à fait sans danger.

En conclusion, il semble donc bien que l'application de sérum parfois associée à la crème de wild yam et à des mesures diététiques et nutritionnelles simples et sans danger soit en mesure de résoudre ou d'aider à résoudre sans avoir recours à des molécules de synthèse bon nombre d'affections gynécologiques survenant tout au long de la vie génitale.

## Hormones naturelles et cancers

Chez la femme, deux types de cancer sont liés au climat hormonal : le cancer de l'endomètre et le cancer du sein.

**Le cancer de l'endomètre** ou cancer de la muqueuse utérine survient le plus souvent après la ménopause. On ne devrait pas le trouver chez des femmes régulièrement surveillées et surtout ne se contentant pas d'un simple examen vaginal ou d'un frottis cellulaire mais bénéficiant d'un examen complet de la cavité utérine, c'est-à-dire une hystéroscopie. Lorsqu'il est dépisté à temps, au stade local, il est généralement guéri du fait de l'hystérectomie (ablation de l'utérus) qui est alors réalisée. Lorsque le stade local est dépassé et qu'il existe des métastases, la chirurgie est alors complétée par une radiothérapie, mais les chances de guérison définitive ne sont pas aussi bonnes. Aujourd'hui les médecins ont tendance à ajouter à ces traitements des molécules appelées « anti-œstrogènes » car on a effectivement remarqué que ce cancer se développait dans un climat hormonal déséquilibré au profit des œstrogènes.

Il paraît donc tout à fait légitime de conseiller d'ajouter de la progestérone naturelle au traitement classique de cette affection et il serait souhaitable que la médecine soit en mesure, dans les années à venir, d'évaluer les bénéfices de cette supplémentation sans risque et sans effets secondaires.

**Le problème du cancer du sein** est beaucoup plus complexe car il peut survenir à tous les âges et être plus ou moins « hormono-dépendant », en général « œstrogéno-dépendant ». Mais tous les cancers du sein (et il y en a de nombreuses sortes) ne sont pas dépendants du statut hormonal. Certains ne le sont pas du tout, d'autres contiennent dans leurs cellules des récepteurs très sensibles aux œstrogènes, d'autres sont peu sensibles et certains peuvent avoir des récepteurs cellulaires sensibles à la progestérone.

Le traitement du cancer du sein est extrêmement complexe et associe souvent chirurgie, radiothérapie et chimiothérapie lorsque l'on découvre des métastases même microscopiques ou que le type histologique [3] de la tumeur les fait craindre. En principe, lorsque l'on découvre une tumeur mammaire on dose les récepteurs cellulaires afin de déterminer leur sensibilité hormonale. Lorsque l'on découvre, dans la tumeur, des cellules réceptrices avec une forte sensibilité aux œstrogènes, c'est un signe de bon pronostic. En effet, cela signifie que le cancer est plutôt différencié, c'est-à-dire moins agressif et surtout que l'on va pouvoir améliorer les chances de guérison par la prescription de molécules anti-œstrogènes. Des statistiques ont d'ailleurs révélé, en particulier chez la femme en postménopause, que la survie était augmentée par ce type de traitement.

Les médecins ont longtemps ignoré le fait qu'il pouvait exister des récepteurs sensibles à la progestérone et ont pensé de ce fait que la prescription de progestatifs était tout à fait sans risque chez la femme quel que soit son âge, l'indication de cette prescription et sa durée. C'est un fait moins certain aujourd'hui qui devrait conduire à ne pas prescrire trop et trop longtemps des progestatifs chez des jeunes femmes, si on n'a pas une sérieuse raison de le faire. Bien entendu il est aujourd'hui tout à fait impossible de savoir si la progestérone naturelle a une incidence différente sur ce risque des progestatifs de synthèse. Nous avons de bonnes raisons de penser que la prise de progestérone naturelle, dénuée des principaux effets secondaires des progestatifs de synthèse, devrait être associée aux anti-œstrogènes, mais il est encore impossible d'en évaluer le bénéfice.

Par ailleurs, plusieurs études suggèrent que la DHEA serait en mesure de jouer un rôle dans le traitement adjuvant de certains cancers. L'une d'entre elles, publiée dans le très sérieux *Lancet*[4], suggère que la DHEA pourrait se comporter chez la femme atteinte de cancer du sein comme un androgène en post-ménopause et comme un anti-œstrogène en préménopause.

Toutes ces données sont bien entendu à interpréter avec prudence et à vérifier par d'autres études cliniques.

1. Dans « Accroissement du métabolisme des ostéoclastes en relation avec la diminution des taux d'œstrogènes et médiations par l'interleukine 6 », revue *Science*, 1992, 257:88-91.

2. J.-C. Prior, « La progestérone en tant que facteur de trophicité pour l'os », *Revue d'endocrinologie*, 1990, 11:386-398.

3. L'histologie étudie les cellules des tissus sains ou pathologiques. Le compte rendu histologique (microscopique) d'une intervention complète le compte rendu macroscopique du chirurgien. Ces comptes rendus, décrivant les types de cellules atteintes sont un élément déterminant de l'évaluation de la gravité d'une tumeur, de son risque de dissémination et permettent de définir les stratégies de traitement.

4. Pertti Ebeling & Veikko A Koivisto, « Physiological importance of DHEA », *The Lancet*, II V343, 18 juin 1994, p. 1552 (2).

# Chapitre 7

# Du bon usage des hormones naturelles

La plupart des formes connues et utilisées aux Etat-Unis et dans d'autres pays sont actuellement (ou seront prochainement) disponibles en Europe.

Les comprimés ou gélules du fait de leur séjour en milieu gastrique et de leur destruction partielle par les sucs digestifs présentent une activité moindre et exigent un contrôle et un ajustement de posologie plus délicats, d'où l'intérêt de formes plus adaptées grâce à un enrobage voire un système de libération spécifique, « special delivery system », permettant une absorption maximale. C'est ainsi qu'on a pu voir apparaître des formes d'administration sublinguale ou des enrobages « time release », formes retard, permettant une délivrance régulière et continue des principes actifs, tout au long des vingt-quatre heures.

Une autre forme d'administration optimale est réalisable en crème ou sérum d'application cutanée, absorbable également par voie orale (sublinguale). Ces formes nouvelles et très originales d'administration évitent la quasi-totalité des inconvénients que l'on peut reprocher aux comprimés ou gélules qui n'auraient pas été protégés par un enrobage spécifique (gélules entériques). On peut également libérer directement le contenu de la gélule sous la langue, l'y laisser quelques minutes avant d'en avaler le contenu (les excipients utilisés, lactose ou amidon de riz, ne présentant aucun inconvénient majeur de goût).

On poura ainsi remédier à une éventuelle diminution de leur activité résultant de l'action des sucs digestifs, obligeant parfois à augmenter les doses au risque de provoquer des troubles de type gastro-intestinal (diarrhée, nausée) ou d'éventuels phénomènes allergiques.

Il nous faut aborder à présent les différentes formes de substances entrant dans le cadre de ces précurseurs hormonaux nutritionnels non médicamenteux élaborés à partir de complexes végétaux issus de la grande famille des dioscoréacés.

Ces produits sont vendus librement comme compléments nutritionnels ou cosmétiques aux USA, mais on peut les rencontrer également en Allemagne, en Belgique, en Suisse ou aux Pays-Bas. La DHEA vient à nouveau d'obtenir son autorisation de distribution en « Health Food Store » aux Etats-Unis où les dosages les plus répandus sont à 5, 25 ou 50 mg ; la posologie moyenne utilisée étant de l'ordre de 25 à 50 mg par vingt-quatre heures en une ou deux prises.

Il importe de demeurer extrêmement vigilant quant à la teneur de ces substances en principes actifs. Aussi, nous avons choisi de ne parler ici que de produits parfaitement codifiés et controlés à tous les « étages » de leur fabrication.

Au moment de la parution de cet ouvrage, la plupart sont disponibles et distribués par la firme *Cyber Age Nutrition* dont le siège européen est à Bruxelles et auprès duquel les lecteurs intéressés pourront se procurer toutes les informations souhaitées s'ils le désirent [1].

Comme nous l'avons vu à plusieurs reprises, tous ces compléments nutritionnels dérivent d'un complexe, mélange d'environ 110 espèces différentes de wild yam dont on a extrait les principales substances actives rencontrées sous forme de diosgénine, dioscine, gracilline, tokogénine, yonogénine, etc. A ces principes actifs ont été adjoints des extraits spécifiques bioactifs associés à des huiles essentielles de type « Citral B, Chamigrane, Chamifenols Ligans, Gomisines ADFHJ » ainsi que des acides du type ascorbique (vitamine C) et fumarique. Ces différentes substances, après traitements de bioactivation, permettront d'aboutir à la formation d'un **complexe hormonal phytopharmacomimétique à effet adaptogène** normalisant la production des acides nucléiques et permettant en outre la mobilisation des graisses et des hormones.

**Ce complexe, parfois identifiés sous l'appellation de proteustérone, possédant par ailleurs des caractéristiques comparables à celles des hormones naturelles circulantes, permet à l'organisme de l'utiliser de façon plus physiologique, plus efficace et plus globale qu'il ne ferait avec une simple molécule hormonale de synthèse.**

Des études menées par des laboratoires indépendants composés d'experts en hormonologie ont permis de constater :

– en administrant à des souris le complexe proteustérone comme complément alimentaire, un accroissement d'espérance de vie de 24 à 36 mois (proportionnellement de 35 à 40 ans chez l'être humain) par rapport à des lots témoins privés de proteustérone et soumis à des régimes réguliers ;

– une perte régulière de poids chez l'animal sans modification des habitudes alimentaires. Cela est attribué à un effet thermogénique qui transforme en énergie les calories d'origine graisseuse (qui a d'ailleurs donné naissance à une spécialité nutritionnelle : le Diet yam) ;

– un effet stabilisateur sur les taux de glucose et d'insuline tant chez la souris que chez l'être humain ;

– un retour à la normalisation du taux de DHEA chez l'adulte des deux sexes après administration suivie de proteustérone sous forme de complexes « Vita yam plus ».

## Quelques « complexes yam », précurseurs naturels hormonaux

La plupart des laboratoires américains spécialistes de la nutrition – Schiff, Natrol, Nutraceutics, Trimédica, etc. – commercialisent de la DHEA de synthèse.

L'un d'entre eux, Nutraceutics, a préféré utiliser les deux formes, ce qui permet au praticien et au consommateur une adaptation progressive et une posologie relais plus souple et plus en rapport avec les résultats que l'on souhaite obtenir. Pas question d'aller trop vite, à coup de doses massives !

Nous trouverons par exemple chez Cyber Age :

– *Vita yam plus*, complexe de yam naturel (proteustérone) auquel a été adjoint du panthoténate de calcium, de la vitamine B6 et de la vitamine C. Ce produit peut s'utiliser seul à la dose de 3 à 4 comprimés par 24 heures ou moins si il est associé à d'autres formes (Nugest crème, Nugest sérum ou Maxiam retard).

– *Maxiam retard* est un complexe à délitement programmé dosé à 25 mg à effet retard permettant d'obtenir une absorption et un taux constant de DHEA sur une période d'environ huit heures de biodisponibilité totale, le relais pouvant alors être assuré par Vita yam plus.

Il n'est en effet, à ce stade, pas inutile de rappeler que la dose généralement admise de prise par 24 h de DHEA de synthèse est de 50 mg, cette dose étant semble-t-il dénuée de tout effet secondaire (professeur Baulieu).

Le taux moyen physiologique admis de DHEA est de 31 mg par 24 h chez l'homme adulte de 25 ans et de 19 mg chez la femme adulte jeune. Donc si on absorbe une dose unique de 50 mg en une seule prise, il pourrait en résulter des mécanismes de feedback négatifs, comme par exemple la sécrétion, par les surrénales, d'une production excessive de cortisol non souhaitable. D'où l'intérêt d'une adaptation plus progressive et nuancée grâce aux extraits de yam, associés ou pas à une prise de DHEA n'excédant pas 25 mg par jour.

Nous insistons et rappelons ici que le plus important n'est pas la quantité en milligrammes de substance qui est administrée mais la quantité de cette même substance susceptible d'être **réellement absorbée** et métabolisée.

Mentionnons aussi quelques autres formes de complexes associés :

– *Diet yam*, complexe de yam naturel auquel on a ajouté des plantes à effet thermogénique ou « brûleur de graisse », notamment le *Paulinia cupano*, différentes espèces de *Capsicum*, etc. Les comprimés sont à prendre une demi-heure avant les trois repas (6/24 h en moyenne) ;

– *SX yam*. Il s'agit d'une formule « masculine » associant le complexe proteustérone de yam naturel à des plantes stimulantes (*Urtica, Avena sativa, Muira pauma*) ainsi qu'au bore chélaté, qui favorisent la sécrétion de testostérone.

– *DH3 yam* est une association liquide à tropisme psychocérébral associant le complexe de yam naturel au ginkgo biloba et au DMAE (diméthylaminoéthanol) ; la dose moyenne étant d'1/2 cc matin et soir. Les résultats sont souvent spectaculaires, plus encore si on l'associe à un complexe antioxydant comme le *Maxogenol* renfermant du pycnogenol à haute concentration, les coenzymes Q6, Q9, Q10, des flavonoïdes, polyphénols, proanthocyanidines, leucoanthocynidines, caroténoïdes, alpha- et gammatocotrienols et catechine.

## La progestérone naturelle

Hormis l'administration orale de dérivés du yam qui, au travers de la diosgénine, conduisent à la formation de progestérone naturelle, nous rencontrerons celle-ci dans une crème et un sérum.

Des gammes de produits cosmétiques sont en cours d'étude ou seront bientôt introduites sur le marché sans que nous sachions véritablement si la dose active des ingrédients précurseurs responsables de leur action a été parfaitement maîtrisée et standardisée.

Ces produits pourraient rencontrer un succès comparable à celui des « AHA » (alpha hydroxy acide) si les concentrations réellement actives étaient clairement définies, standardisées et leur pouvoir de pénétration établi.

A l'heure actuelle, sur l'ensemble des spécialités rencontrées, deux nous sont apparues d'une totale fiabilité. Il s'agit du wild yam crème ou Nugestrone (en Europe : *Nugest yam crème*) et du wild yam sérum ou Nugest (en Europe : *Nugest yam serum*). Tous deux obéissent aux mêmes règles d'utilisation. La crème Nugest yam est plus dosée en précurseurs de progestérone, associés à l'*Aloe vera*, à l'urée et à l'hydantoine. La quantité à utiliser est de l'ordre de 1/4 à 1/2 cc matin et soir sur n'importe quelle partie du corps (avant-bras, face interne des cuisses, cou, ventre, toute localisation qu'il est préférable d'alterner). Cette préparation constitue par ailleurs une remarquable crème de soin et de beauté (visage, cou, tâches cutanées de sénescence).

Le Sérum wild yam pur utilise un système exclusif transactif de délivrance du principe actif qui crée un invisible patch à la surface de la peau permettant la libération exacte de complexe phytogénique en fonction de l'utilisation. Il peut être également utilisé comme produit cosmétique sur les zones particulièrement sèches de la peau grâce à l'adjonction des produits hydratants contenus dans sa formule. La dose utile est de 1/2 à 2 ml par 24 heures. Signalons aux inconditionnels de la forme « synthèse » une crème DHEA d'excellente texture et pénétration commercialisée aux USA par la firme Trimédica (Arizona).

**Guide résumé de l'utilisation du Nugest yam serum et de la Nugest yam crème**

Il s'agit ici d'une suggestion d'utilisation établie à partir d'un calendrier mensuel de trente jours ou d'un cycle de vingt-huit jours.

**SPM** (syndrome prémenstruel)
– jour 1 à 13 : pas de produit
– jour 14 à 22 : 1/4 à 1/2 ml de sérum matin et soir + 1/4 cc de crème matin et soir
– jour 23 à 28 ou 30 : 1 ml de sérum matin et soir + 1/2 cc de crème matin et soir.

**Syndrome prémenstruel, en période de péri- ou préménopause**
– jour 1 à 5 : pas de produit
– jour 6 à 20 : 1/2 à 1 ml de sérum, 2 fois par 24 heures + 1/2 à 1 cc de crème, 2 fois par 24 heures
– jour 21 à 28 ou 30 : 1 ml de sérum, matin et soir + 1/2 cc de crème matin et soir.

**Ménopause installée**

Il n'y a plus de menstruations. Pendant 5 jours au choix, à l'intérieur de chaque calendrier mensuel, on ne procède à aucune administration de produit.
– jour 1 à 5 : pas de produit
– jour 6 à 18 : 1/2 ml de sérum matin et soir + 1/2 cc de crème matin et soir
– jour 19 à 30 : 1 ml de sérum matin et soir + 1 cc de crème matin et soir.

1. Cyber Age Inc., rue Capouillet 19 à 21, 1060 Bruxelles, Belgique.

# Conclusion provisoire

Il n'y a pas de Vérité toute faite en matière de science ou de médecine et ce livre ne se prétend donc pas une vérité de plus. Il représente seulement le fruit d'une double expérience clinique et pratique, et pas autre chose qu'une émanation de ces expériences et une invitation à les partager.

Nous devrions avoir pour règle – quand je dis « nous », il ne s'agit pas simplement des deux auteurs, mais de l'ensemble du corps médical – d'appliquer le sacro-saint principe d'Hippocrate « *Primum non nocere* » « D'abord ne pas nuire ». La médecine moderne a aujourd'hui à sa disposition un extraordinaire catalogue de thérapeutiques dont malheureusement un grand nombre sont vectrices d'effets secondaires et collatéraux, de complications, voire de nuisances. Certes, pour le praticien, la solution thérapeutique passe souvent par un choix cornélien : de deux maux il faut choisir le moindre et ce choix, il faut tenter de le faire accepter à son patient. Entre laisser évoluer spontanément une maladie grave et choisir une thérapeutique lourde ou à risque qui n'aurait même qu'une chance sur dix de sauver, ou même de conduire vers un état de rémission, il ne devrait y avoir aucune hésitation. C'est pour cette raison que nous rejoignons notre ami et maître Lucien Israël qui a coutume de dire : « Médecines douces pour maladies douces », et nous pensons que le débat sur et à propos des médecines dites « alternatives » est en réalité un faux débat ou du moins un débat mal posé. La Médecine, celle avec un M majuscule, celle de nos espoirs et vocations, celle de nos rêves d'étudiant réalisables à l'âge de médecin adulte, se devrait d'être une, indivisible, globale tolérante et ouverte aux courants qui l'agitent mais la font progresser. Ainsi, il ne devrait y avoir plusieurs médecines, mais une collaboration synergique de thérapeutiques et de thérapeutes pour ne servir qu'un but : celui de mettre dans tous les cas le maximum de possibilités à disposition du malade.

En matière de vieillissement et des affections qui peuvent en être dépendantes ou de l'amélioration de certains symptômes liés à l'andropause ou à la ménopause, il ne s'agit pas de maladie mais de prévention. Notre choix est donc fait. On nous rétorquera que nous risquons de priver telle ou telle personne des facteurs de prévention de l'ostéoporose dépendant du traitement de substitution hormonale classique.

Allons donc ! En France, seule une minorité de femme semble actuellement bénéficier de ces traitements de substitution correctement conduits. On peut le regretter, nous sommes parfois dans ce cas mais moins que d'autres qui font de ce type de traitement une religion et un absolu définitif.

Un juste milieu (et le milieu n'est-il pas souvent le juste ?) consiste à proposer une supplémentation végétale naturelle dont les effets sont mesurables cliniquement et biologiquement. Cette solution à moindre risque est celle des hormones naturelles végétales. C'est la seule « vérité » que nous prétendons défendre et c'est pourquoi nous pensons qu'elle devrait être proposée en priorité. Libre au praticien et à son (sa) patient(e), s'ils ne sont pas satisfaits des résultats ou si ses marqueurs biologiques et cliniques ne sont pas optimisés, de revenir au traitement classique ou de trouver une solution mixte. Car il n'y a pas de formule toutes faite pour tout le monde. Cette entité est totalement irréelle : chaque cas représente une équation individuelle qui mérite que l'on s'y attarde si le système médical nous en donne encore le temps et les moyens. Mais cela est une autre histoire !

En attendant, ce livre vous propose une réflexion sur les possibilités que nous avons tous, dès notre naissance, de gérer, d'améliorer et d'optimiser notre vie tant en qualité qu'en longévité.

C'est une meilleure prise en charge pour notre profit et celui de la société.

# Bibliographie

Les références bibliographiques sur la DHEA, la progestérone, la prégnénolone, la prévention des affections liées au vieillissement, les hormones et la prévention de la ménopause se comptent par milliers. Nous citons ici soit des références qui nous ont aidés à rédiger cet ouvrage, soit des références qui permettront au lecteur plus curieux d'approfondir. La liste est donc loin d'être exhaustive.

**Ouvrages généraux**

Jean-Paul Curtay, *Nutrithérapie*, Ed. Boiron.

Georges Debled, *Au-delà de cette limite votre ticket est toujours valable*, Ed. Albin Michel, 1992.

Ellen Grant, *Amère Pilule*, préface du professeur Lucien Israël, Ed. OEIL, 1988.

Ruth S. Jacobowitz, *Questions Réponses sur la ménopause* (traduit de l'américain), Ed. Le Jour, 1994.

Jacque Lorrain, ouvrage collectif de 71 auteurs à majorité américaine et canadienne, préfacé par le professeur Albert P. Netter (France), traduit de l'anglais, *La Ménopause. Prise en charge globale et traitement*, Edisem Inc 1995.

Professeur Pierre Mauvais-Jarvis, Dr Claire Bricaire, *Bien vivre sa ménopause*, Ed. du Rocher, 1994.

Earl Mindell's, *« Anti-Aging » Bible*, Fireside Book, NY, 1996.

Dominique Rueff, *Forme et Santé, Médecine orthomoléculaire*, Ed. du Rocher, 1992.

Dominique Rueff, *La Bible des vitamines et des suppléments nutritionnels*, Albin Michel, 1993.

Thierry Souccar, *La Révolution des Vitamines*, Ed. First.

Karen Vago, *Vaincre le syndrôme prémenstruel, en pleine forme 28 jours sur 28*, Albin Michel, 1995.

**Livres et articles traitant plus spécifiquement des hormones naturelles et/ou du vieillissement**

R. Atkins, « Tired of Aging », *Health Revelations*, 1:1-6, 1994.

J.A. Balfour : Heel Rd « Transdermal œstradiol, a review of its phar-

macodynamic and pharmacokinetic properties and therapeutic efficacity in the treatment of menopausal complaints » drugs, 1990, 40:561 - 82.
Elisabeth Barret-Connor, MD, Deborah Goodman-Gruen, MD, Ph D, university of California, San Diego, La Jolla, CA : « The epidemiology of DHEAS cardiovascular disease », NY Academy of Sciences, 17-19 juin 1996.
E.E. Baulieu, « Un nouveau produit de sécrétion cortico-surrénalienne · le sulfate de déhydroépiandrostérone », *Rev. Fr. Etude Clin. Biol.*, 1965.
Francis Bellino et Coll., « Dehydroepianoprosterone (DHEA) and Aging », *Annals of N. Y. academy of sciences*, vol. 774, 1995.
E.E. Baulieu, P. Robel, O. Vatier, M. Haug, C. Le Goascogne, E. Bourreau, *Neurosteroids : Pregnenolone and Dehydroepiandrosterone in the Brain*, Mac Millan Press, 1987.
Bernanier, C.D., Parente, J.A., Jr Mc Intosh M., « Is dehydroepiandrosterone an antiobesity agent ? », *Faser*, vol. 7, mars 1993.
Compiled the Burton Goldberg Group, *Alternative Medicine, The Complete Guide*, Futur Medicine Publishing, Inc.
Sandrine Cabut, *Impact Médecin* 670, 10 janvier 1995.
Dean W, Morgan Thaler, J. *Smarts, Drugs and Nutrients*, Santa Cruz, CA, B&J Publications, 1990.
Deepak Chopra, MD, *Ageless Body Timeless Mind*, Harmony Books (best seller, mentionné par Ray Gebauer dans « Holistic Health News »).
D.L. Coleman, R.W. Schwizer, E.H. Leiter, « Effect of genetic background on the therapeutic effects of DHEA in diabetes-obesity mutants and in aged normal mice », *Diabetes*, 1984.
R. Gladstar, *Herbal Healing for Women*, Simon and Schuster, NY, 1993, p. 258.
Gregory M. Fahy, MD, « DHEA Comes to the Mainstream », *Life Extenstion*, septembre 1995.
L. Fahraeus, J.U. Larrson, J. Wallentin, « L-Norgestel and progesterone have different ifluences on plasma lipoproteins », *Er. J. Clin. Inves.*, 13:447, 1993.
J.F. Flood, E. Roberts, « DHEAS improves memory in aging mice », *Brain Res.*, 1988.
Gaby Alan, MD, *Preventing and Reversing Osteoporosis*, Prima

Publishing, Rocklin, CA, 1994.
H. Winter Griffith, MD, *Complete Guide to Vitamins, Minerals & Supplḗments*, Fischer Books.
Walter de Gruyter, *The Biologic role of Dehydroepiandrosterone (DHEA)*.
John Heinerman, *Heinerman's Encyclopedia of Fruits, Vegetables & Herbs*, forward by Lendon H. Smith, MD, Published by Parker Publishing Co.
*Healthquest/Journal Of Longevity Research*.
David M. Herrington, Bowman Gray School of Medicine, Winston-Salem, NC, *DHEA and Coronary Atherosclerosis*, NY Academy of Sciences, 17-19 juin 1996.
Christopher Hobbs, *Ginko Elixir of Youth*, Botanical Press.
Jim Jamieson, *DHEA Unlocking the Secrets of the Fountain of Youth*.
D.S. Janowsky, S.C. Risch and Overstreet, D.H. « Psychopharmaco-logic-Neurotransmitter-Neuroendocrin interactions in the study of affective disorders », *Hormones and Depression*, Halbrerch U., Fd, NY, Raven Press, 1987.
M. Kalirai, W. Regelson, *The Biological Role of Dehydroepiandrosterone (DHEA)*, Walter de Gruyter, N Y (eds), 1990.
Betty Kamen, Ph D., « Hormone Replacement Therapy, yes or no », *Nutrition Encounter*, 1993.
Ronald Kotulak & Peter Gorner, *Aging On Hold, Secrets of Living*.
John R. Lee, *DHEA and Depression, A Natural Altenative to a Growing Modern Plaque*.
John R. Lee, MD, *Natural Progesterone, The Multiple Roles of a Remarquable Hormone*, BLL Publishing.
Lee J.D., *Optimal Health Guidelines*, B & L Publications, Sebastopol CA, 1992.
*Life Extenders and Memory Boosters !*, Health Quest Publications.
M.K. McIntosh, C.D. Berdanier, « Antiobesity effects of DHEA are mediated by futile substrate cycling in hepatocytes of BHE/ccb rats », *J. Nutrit.*, 1991.
Majewska Maria Dorota, Ph D., Medication Development division, NIDA, Rockville, MD, *Neuronal Actions of DHEAS, Implication for Aging*, NY Academy of Sciences, 17-19 juin 1995.

Majewska Maria Dorota, S. Demirgoren, C.E. Spivak, London E.D « The neurosteroid DHEAS is an allosteric antagonist of ·he GABAA receptor », *Brain Res.*, 1990.

N. Moore, « Beautiful Health Endless Energy, Brilliant Youth : The fact about DHEA », Dallas, Texas, Charis Publishing Co Inc., 1994.

A.J. Morales, J.J. Nolan, J.C. Nelson, Yen S.S.C., « Effects of replacement dose of dehydroepiandrosterone in men and women of advancing age », *J. Clin. Endoctrinol. Metab.*,1994.

Daniel Mowrey, *The Scientific Validation of Herbal Medicine*, 1986.

N. Orentreich, J.L. Brind, R.L. Rizer, J.H. Vogelman, « Age changes and sex differences in serum dehydroepiandrosterone sulfate concentrations throughout adulthood », *J. Clin. Endocrinol. Metab.*, 1984.

N. Orentreich, J.L. Brind, J.H. Vogelman, R. Andres, H. Baldwin, « Long-term longitudinal measurements of plasma dehydroepiandrosterone sulfate in normal men », *J. Clin. Endocrinol. Metab.*, 1992.

R. Peat, *Nutr. for women*, Centotech, Oswego, Oregon, 1981.

R. Peat, *Ray Peat's News Letter.*

*Providing Tomorrow's Breakthroughs Today.*

Michel Richard, « Contre le vieillissement, la fantastique découverte du professeur Baulieu », *Le Point*, n° 1164, 7 janvier 1995.

G. Risdon, T.A. Moore, V. Kumar, M. Bennett, *Inhibition of Murine Natural Killer Cell Differenciation by DHEA, Blood*, 1991.

A.G. Schwartz, G.C. Hard, L.L. Pashko, M. Abou-Gharba, D. Swem, « DHEA : an anti-obesity and anti-carcicogenic agent », *Nutr. Canc.*, 1981.

F. Edward, PH.D Schwartz, *Endocrines, Organs and Their Impact*, Published Cornerstone Press.

Guy Thomas, Nicole Frenoy, Sylvie Legrain, Renée Sebag-Lanoé, Etienne-Emile Baulieu, et Brigitte Debuire, « Serum dehydroepiandrosterone sulfate levels as an individual marker », *J. of Clinical endocrinology and Metabolism*, Vol 79, n°5 ; Claudia Wallis « The Estrogen Dilemna », *Time Magazine*, June 1995.

Julian Whitaker, MD, *Dr Whitaker's Guide to Natural Healing*, Primia Publishing, 1994.

S.S.C. Yen, *Replacement of DHEA in aging men and women*, abstract, NY Academy of Sciences, 17-19 juin 1995.

*Younger/Longer, Tribune Publishing.*

# La Méthode Kousmine

***Alimentation saine - Apport de vitamines et minéraux Hygiène intestinale - Implications***

GEREZ VOTRE CAPITAL SANTE !

**ASSOCIATION MEDICALE KOUSMINE**

216 pages

95 FF / 28 FS

ISBN 2-88353-001-7

**Ce livre s'adresse à tous** : aux médecins, aux malades, aux bien-portants. Pas à pas, il présente touts les aspects de la **Méthode Kousmine** : retour à une alimentation saine, complémentarité avec les vitamines et les minéraux, lutte contre l'excès d'acidification de l'organisme, "cure de vaccins", implications psychologiques.

**La Méthode Kousmine** : un **véritable guide de santé** qui permettra à chacun de mettre en pratique les conseils du docteur Kousmine et de se préserver des maladies en adoptant une **alimentation** et une **hygiène de vie conformes à la nature**.

*Achevé d'imprimer en juillet 1998*
*sur presse Cameron*
*par* **Bussière Camedan Imprimeries**
*à Saint-Amand-Montrond (Cher)*

Dépôt légal : juillet 1998.
N° d'impression : 983506/1.

*Imprimé en France*